日 本 国 際 経 済 学 会 編

国際経済　第 69 巻

比較優位論の現代的意義：
『経済学および課税の原理』
出版 200 年記念

日本国際経済学会研究年報

2018

目　次

第 76 回全国大会　　共通論題

比較優位論の現代的意義：『経済学および課税の原理』出版 200 年記念

リカードはリカード・モデルを提示したのか

……………………………………………田淵　太一・久松　太郎（ 1 ）

　コメント…………………………………………………鳴瀬　成洋（32）

リカード国際価値論の現代的意義と可能性……………塩沢　由典（41）

　コメント……………………………………………………石田　　修（63）

リカード・マルクス型貿易理論を目指して―比較優位・劣位と分配―

……………………………………………………………板木　雅彦（67）

　コメント……………………………………………………高増　　明（103）

投稿論文

ツーリズム経済の環境政策が要素報酬と経済厚生に及ぼす効果の包括的分

析…………………………仲井　翔・岡本　久之・清水　隆則（107）

貿易多様化・高度化と中所得国の経済成長………………胡　　洪濱（133）

会報

日本国際経済学会第 76 回全国大会　157

日本国際経済学会第 8 回春季大会　165

会員総会の議事と決定　170

役員名簿　172

役員の業務分担　175

各支部の活動報告　176

　関東支部　176

　中部支部　178

　関西支部　179

九州・山口地区研究会　181

本部・各支部事務局所在地　182

日本国際経済学会　会則　184

「役員・本部機構」内規　187

「常任理事・理事の職務分担」内規　192

「出版委員会の役割」内規　194

「投稿論文審査」内規　195

「選出理事選考」内規　196

「全国大会運営」内規　197

「会員資格」内規　199

「日本国際経済学会小島清基金の運営」　200

共通論題

リカードはリカード・モデルを提示したのか *

同志社大学商学部 **田淵 太一** **

同志社大学商学部 **久松 太郎** ***

要旨

　リカード本人の貿易理論は，4つの数字，貿易利益，交易条件等，ほとんどのトピックの解釈において，テキストブックで教わるリカード・モデルとは異なるものだったことが明らかにされてきた。現代的解釈の大枠は，トレンズやJ.S.ミルらによりつくりかえられたリカード理論をもとに，ハーバラーらによって仕上げられたものにすぎない。もはやリカード・モデルにリカードの名前を冠する合理的な理由はほとんど存在しえないのである。

キーワード：デイヴィッド・リカード，比較優位，ジョン・ステュアート・
　　　　　　ミル，ロバート・トレンズ，ゴットフリート・ハーバラー

---

　 * 本稿は日本国際経済学会第 76 回全国大会の共通論題「比較優位論の現代的意義：『経済学および課税の原理』出版 200 年記念」で報告されたものであり，討論を務めてくださった鳴瀬成洋氏（神奈川大学教授）より大変貴重な助言とコメントを賜ることができました。ここに記して感謝申し上げます。なお，ありうべき誤りはすべて筆者に帰するものです。また，本研究の遂行に際しては科学研究費補助金基盤研究（A）：17H00982 および若手研究（B）：16K17095 からの助成を受けています。
　** E-mail: ttabuchi@mail.doshisha.ac.jp (corresponding author)
*** E-mail: thisamat@mail.doshisha.ac.jp

デイヴィッド・リカードが比較優位説の核心をなす4つの魔法の数字を偶然発見するまでには，［アダム・スミスの『国富論』初版の出版から］40年以上のギャップがあったのです。リカードの数字と言いましたが，比較生産費説の主張者としての優先権については，トレンズ中佐がリカードと同等ないしそれ以上の権利を有していると言っても過言ではありません。学説史においては，より偉大な名前がより劣る名前を駆逐することがよくあるのです…。(Samuelson 1969: 678)[1]

1. はじめに

　デイヴィッド・リカード（David Ricardo, 1772–1823）の『経済学および課税の原理』（以下，『原理』と略記）の初版が出版されたのは，1817年の4月19日のことであった。2017年に200年の記念すべき年を迎えたこの古典は，世紀を超えて多くの経済学者によって解釈され，そこに含まれるいくつかの理論は，姿を変えつつ後世の経済学へと受け継がれてきた。とりわけ，国際経済学の現代のテキストブックで学ぶ「リカード・モデル」[2]によってその名を記憶しているひとびとは少なくないであろう。リカード・モデルがほとんど共通の理解のもとで紹介される一方で，経済学史の分野ではリカード経済学にかんする研究はまさに貿易論の分野で急進展を遂げている。近年の研究の多くは，リカード本人の貿易理論とリカード・モデルとの乖離にかんする何かしらの議論を含んでいる。

　本稿の目的は，リカード本人が『原理』においてリカード・モデルを展開していたのか，もしそうでないのであれば，リカード自身はどのような貿易理論を展開しようと試みたのかを，経済学史の観点から再考することにある。第2節で詳述されるように，リカード・モデルにおける「4つの数字」

---

[1] 訳文は，この引用文に限らず必ずしも邦訳書に従っていない。
[2] 本稿において「リカード・モデル」というとき，現代の国際経済学のテキストブックで紹介されている標準的な理論モデルを意味しているものとする。

の捉え方はリカード本人の貿易理論とは異なっていたというのが，経済学史における通説的解釈となりつつある。だとすれば，いったい誰がリカードの貿易理論を変形させ，現代のリカード・モデルを形成するきっかけをつくったのかが問題となる。経済学史の世界では，一般に19世紀にジョン・ステュアート・ミル（John Stuart Mill, 1806–1873）がそのモデルを創造したとみなされ，20世紀にゴットフリート・フォン・ハーバラー（Gottfried von Haberler, 1900–1995）がJ.S.ミルの解釈をもとにテキストブックの土台を形づくったと解釈されてきた。本稿では，古典派期においてそのきっかけを与えた別の人物としてロバート・トレンズ（Robert Torrens, 1780?–1864）がいたことを指摘する。

他方で，「比較優位の原理」の最初の提唱者はリカードとトレンズのいずれであるかについて100年以上続いた論争がある。学説史上では19世紀末から1世紀以上にわたってトレンズ優勢の議論が叫ばれ続けてきたが，Ruffin（2005）によってリカードの復権が成し遂げられたのである。ところが，1814年に上梓された匿名の小冊子（Anon. 1814）が近年再発見されたことにより，事態は急展開を迎えることになった。第3節では，比較優位の原理にもとづいた議論が当該小冊子のなかでリカードやトレンズに先立って展開されていたという近年の研究を紹介する。

本稿の課題を遂行するにあたって，「リカード貿易問題」とは何かという塩沢由典の問題提起に注目しないわけにはいかない（塩沢2014, Shiozawa 2017abc）。リカード・モデルでは，国際価値（交易条件）の決定にかんする説明がなされているが，リカード本人は国際価値を決定する理論を提示することができなかった。J.S.ミルはこの交易条件不確定問題を相互需要説という形で「解決」してみせた。ミルによるこの解決に不満をもったカール・マルクス（Karl Marx, 1818–1883）も，国際価値の理論を構築することができなかった。国際価値の問題は19世紀古典学派の価値論の「欠けた環」であり，交易条件の不確定問題を起点としてミルが引き起こした経済学の転回こそが，古典学派と1870年代に誕生したとされる新古典学派の経済学を分かつ決

定的な契機となった。これが塩沢の主張である。第4節では，このような問題提起を念頭において，Faccarello（2015a; 2015c）による研究成果を踏まえながら，リカードは国内取引と国際取引いずれにおいても生産費価値説を一貫して展開していたと主張する。またここでは，国内取引と国際取引の主要な相違点として貨幣が交換価値におよぼす影響の有無を考察する。

第5節では，以上を総括し，本稿の課題に対する結論を与える。

2. 「4つの数字」の意味

2.1 リカード貿易論の標準的解釈

リカードが『原理』の「外国貿易について」の章（初版では第6章，2・3版では第7章）において比較優位の原理（比較生産費説）を提示したとされる部分は，狭義には，以下の引用部分であり，「4つの魔法の数字」を中心とする5パラグラフと1つの長い注からなる。以下に訳文を掲げ，便宜上，各段落と脚注に番号を付しておく。

[1] ポルトガルは，現実には自国の資本と労働の大きな割合をワイン生産に充て，そのワインでもって外国産のクロスや金物類を購入しているが，仮にポルトガルが諸外国と通商関係をもたないとすれば，この資本の一部をこれら諸商品の製造に充てることを余儀なくされ，こうして得られる諸商品はおそらく数量が少ないばかりでなく品質も劣るだろう。

[2] ポルトガルがイングランドのクロスと交換に与えるワインの数量（**The quantity of wine which she shall give in exchange for the cloth of England**）は，各々の生産に充てられる労働量によって決定されるものではない。もし両商品がともにイングランドまたはポルトガルで製造されたなら，それぞれの労働量によって決定されるのであるが。

[3] イングランドが，クロス（**the cloth**）を生産するのに年間100人の労働

を要し，もしワイン（the wine）を生産しようと企てれば年間 120 人の労働を要する，という事情におかれているものとしよう。それゆえに（**therefore**）イングランドはワイン（wine）を輸入し，それをクロス（cloth）の輸出で購入することが自国の利益になると考えるであろう。

[4] ポルトガルでワイン（the wine）を生産するには年間 80 人の労働しか要せず，同国でクロス（the cloth）を生産するには年間 90 人の労働を要するとしよう。それゆえ（**therefore**），ポルトガルはクロス（cloth）と交換にワイン（wine）を輸出することが有利であろう。この交換は，たとえポルトガルが輸入するクロスが同国でイングランドよりも少ない労働で生産できるとしてもなお，行われるであろう。ポルトガルが 90 人の労働でクロスをつくることができても，それを生産するのに 100 人の労働を要する国から，それを輸入するであろう。なぜならば，ポルトガルにとってはむしろワインの生産に自国資本を使うほうが有利だからであり，ワインと引き換えにイングランドからクロスを入手すれば，自国資本の一部をブドウの栽培からクロス製造に転用して生産可能になるよりも多くのクロスを入手するだろうからである。

[5] こうしてイングランドは，80 人の労働の生産物と交換に，100 人の労働の生産物を与えるであろう。このような交換は，同一国内の個人間では行なわれえないであろう。100 人のイングランド人の労働が 80 人のイングランド人の労働と交換に与えられることはありえないが，100 人のイングランド人の労働の生産物が，80 人のポルトガル人，60 人のロシア人，あるいは 120 人の東インド人の労働の生産物と交換に与えられることはありうる。単一国内と多数国間のこの相違は，次の事情を考察することで容易に説明できる。すなわち，資本がより高い利潤［率］をもたらす用途を求めてある国から別の国へと移動するのは困難だが，同一国内のある地方から別の地方へと資本がつねに移動することは活発に行

われているのである。＊

[6] ＊こうしてみると，ある国が，機械と熟練について非常に優れ，したがっ
て隣国よりもはるかに少ない労働で諸商品を製造しうるとしても，その
国が，この諸商品と交換に，自国の消費に要する穀物の一部を輸入する
ことがありうる，ということは明らかであろう。たとえその国のほうが
穀物の輸入先となる国よりも，土地が肥沃で，少ない労働で穀物を栽培
できるとしても，そうなのである。2人の人間がいて，ともに靴も帽子
も作れる。一方が両方の仕事で他方に優るとする。ただし一方の人が帽
子製造で競争者に優る度合いがわずかに5分の1すなわち20％であるの
に対し，靴製造のほうでは3分の1すなわち33％優っているとしよう。
優れたほうは靴製造に専従し，劣るほうは帽子製造に専従するのが，両
者の利益ではないか？

(*Works* I: 134–136 [3]；強調は付加)

2国2財1生産要素（労働）の経済で示される現在のリカード・モデルの
標準的解釈は次のようなものである。すなわち，各財1単位の生産に必要な
労働量（労働投入係数）を示す4つの数字のもとで，各国において労働投入
係数の比が貿易以前の国内相対価格（機会費用）として表され，単一生産要
素かつ固定係数の仮定によって生産可能性フロンティアは線型となり，貿易
開始後は両国ともに完全特化という結果が生じる（片方の国がたまたま大国
であった場合を除く。その場合，大国は不完全特化となる）。

自国の第 i 財の労働投入係数を a_i，自国の第 i 財の価格を p_i で，外国の第 i
財の労働投入係数を a_i^*，外国の第 i 財の価格を p_i^* で表わすとしよう（ただし，
$i = 1, 2$ である）。自国が第1財の生産に，外国が第2財の生産にそれぞれ比較
優位をもつための必要十分条件は，$a_1/a_2 < a_1^*/a_2^*$ または $a_1/a_1^* < a_2/a_2^*$ で示

---

[3]　リカードの著作からの引用・参照は Ricardo（1951–1973）から行い，*Works* volume:
page（原著ページのみ）と表記する。

される。両国の労働投入係数と，自国と外国の総労働供給量が与えられると，両国が貿易を行なう際の相対供給曲線を描くことができる。均衡相対価格ないし交易条件 p_1/p_2 は，相対供給曲線と相対需要曲線（需要側の要因は外生的に決まる）の交わる点で決定される。自国と外国が貿易を行う場合，交易条件は次の範囲に落ち着かなければならない。

$$\frac{a_1}{a_2} \le \frac{p_1}{p_2} \le \frac{a_1^*}{a_2^*}. \tag{1}$$

　需要要因によって交易条件が（2）式の両端のどちらかに等しくなる場合を除けば（すなわち，$a_1/a_2 < p_1/p_2 < a_1^*/a_2^*$ であれば），両国はそれぞれの比較優位財に完全特化し，両国に貿易利益が生じる。また，両端のどちらかに等しい場合でもどちらか一方の国は必ず完全特化する。

　一要素経済の仮定により，相対賃金率（自国と外国の一人当たり賃金率の相対比：w/w^*）は以下のように両国の相対生産性のあいだに落ち着くことになる。

$$\frac{a_2^*}{a_2} < \frac{w}{w^*} < \frac{a_1^*}{a_1}. \tag{2}$$

　このモデルのもつひとつの含意は，たとえすべての財について生産性の絶対的な優劣が両国のあいだにあったとしても，相対賃金率が動くことにより，両国が必ず1つの財に費用上の優位をもつように調整される，という点にある。つまり，高生産性の国はその優位を高賃金によって相殺され，逆に低賃金の国はその優位を低生産性によって相殺される。こうして学部生向けの授業では，Samuelson（1969: 679）が述べたように，「私は，優勢な国――リカードにおけるポルトガルのような国――の出身者ですから，低賃金（低生産性！）国といえどもすべてのものをわが国よりも安く売ることはできないということを学生たちに説得しなければなりません」といった類の説明が毎年繰り返されるのである。

　さて，こうした標準的解釈に立脚する現代の論者は，Viner（1937: 445／訳 428）や Haberler（1933: 98／訳 220）が典型的に示したように，冒頭で引

用した4つの数字を含むパラグラフ（引用文 [3] と [4]）を無意識のうち
に頭の中で次のように変型させて読んでしまう（表2-1）。

　　イングランドではクロス1単位は100労働時間を，ワイン1単位は120
　　労働時間を費やす。ポルトガルではクロス1単位は90労働時間を，ワ
　　イン1単位は80労働時間を費やす。…［したがって］ポルトガルは両
　　生産部門において絶対優位を有しているうえに，この優位は…クロスに
　　おけるよりもワインにおいて大きい。すなわち，費用の格差はクロスに
　　おけるよりもワインにおいて比較的に著しいから，ポルトガルはワイン
　　生産において比較優位をもつわけである。（Haberler 1933: 98; 英訳 128 ／
　　訳 220; 強調は原文）

　また，標準的解釈に立脚する現代の論者がリカードの原典を詳細に検討し
た場合，そこに論理の不十分さを発見して批判する。例えば，貿易理論史の
サーヴェイを行った Chipman（1965）によれば，引用文 [3] は，「不合理な
推論（non sequitur）である。なぜなら，その箇所までではポルトガルについ
て何も述べられていないからである」。続く引用文 [4] の最初の2つの文も，
引用文 [3] と「同時発生するものと読まれないかぎりは同様に不満足なも
のである。…この法則にかんするリカード自身の論述は完全に舌足らずであ
り，彼がそれを本当に理解していたか疑わしくなるほどである」（479–480;
強調は付加）。Maneschi（1998: 53）に見られたように，現在においてもなお

表1　ヴァイナーの理解
財1単位の生産に必要な労働量
（Amount of labor required for producing a unit of）

	クロス	ワイン
イングランド	100	120
ポルトガル	90	80

（出所）Viner（1937: 445 ／訳 428）の表より作成。

多くの論者がこのような批判の影響下にあり，リカードの論理的誤謬ないし不注意を指摘するのが通例となっている。

　比較優位の原理の発見者だとされるリカードが実はその原理を理解していないとすれば，いったい誰がそれを発見したのか。貿易理論史においては，リカードでなくトレンズこそがその原理の発見者である，あるいはジェームズ・ミル（James Mill, 1773–1836）がリカードにその原理を教えた（Thweatt 1976; 1987）などといった論争が世紀を超えて続けられてきたのである。

2.2 「4つの数字」の真の意味――「スラッファ＝ラフィン解釈」と行沢健三

　4つの数字の真の意味を明らかにし，リカードこそが比較優位説の真の発見者であると主張して国際的に注目されたのが Ruffin（2002; 2005）である。リカードの4つの数字が各財1単位当たりの労働投入係数を示すとする伝統的解釈はミル父子以来の誤解であり，それらは「現実の貿易において典型的に交換される特定量の財の生産に要する労働費用」（Ruffin 2002: 742–743）を示していると解釈された（したがって，貿易パターンと交易条件は所与である）。さらに，リカードの論述においては貿易利益にかんする複雑な論証は不要であり，4つの数字のうち，2つの数字どうしの引き算で両国の貿易利益を示すことができるということを明らかにした Sraffa（1930）の功績が再発見されたのである[4]。この新解釈の要点は以下の通りである。

　いま，引用文［2］において，イングランドのクロス X 単位とポルトガルのワイン Y 単位が交易されているとしよう。引用文［3］は，イングランド

---

[4] 「イングランドは，100人のイングランド人によって生産されるクロスを差し出して，80人のポルトガル人によって生産されるワインと交換する。この量のワインは，120人のイングランド人によってようやく生産できたであろうから，イングランドは20人のイングランド人の労働を稼得する。ポルトガルは，80人のポルトガル人によって生産されるワインを差し出して100人のイングランド人によって生産されるクロスと交換する。このクロスを生産するには90人のポルトガル人の労働が必要であっただろうから，それゆえにポルトガルは10人のポルトガル人の労働を稼得するのである」（Sraffa 1930: 541）。

がクロス X 単位の生産に 100 人を，ワイン Y 単位の生産に 120 人を必要とするとすれば，同国では 20 人の労働の節約が可能になり，「それゆえに，イングランドはワインを輸入しクロス輸出によって購入することが利益になると考えるだろう」と読むことができる。同様に，引用文［4］でリカードはポルトガルについて続けて，ワイン Y 単位の生産に 80 人，クロス X 単位の生産に 90 人必要だとする。ポルトガルは，ワイン Y 単位を生産しこれをイングランドのクロス X 単位と交換すれば，10 人の労働を節約できるであろう（Ruffin 2002: 741–742）。

Viner（1937），Chipman（1965），Thweatt（1976）と同様の標準的理解にしたがっていた Maneschi（2004）は，自説（Maneschi 1998）を撤回して Ruffin（2002）の新解釈を支持し，これを「スラッファ＝ラフィン解釈」と命名した。この新解釈が与えた衝撃は大きく，これに触発された多くの研究が生みだされた（Aldrich 2004, Pullen 2006, Maneschi 2008, Morales Meoqui 2011; 2017 など）。

一方で日本においては，ほぼ同様の理解が行沢（［1974］1988）によって約 30 年早く提示されていたのである（行沢 1978 も参照）。そこでは，標準的解釈は J.S. ミル以後行なわれた「変型理解」であるとして批判され，リカード自身の論理に従った解釈として，「原型理解」が提起されている。変型理解の特徴は以下の 5 点である（行沢 1978: 206–207）。

(i) 引用文［3］［4］［5］を一括引用して，ワンセットの思考表現として提示する。

(ii) そこから逆に，貿易パターンと貿易利益の決定にかんしてリカードの叙述は不十分であると指摘し，補足説明を試みる。

(iii)「一括引用」に対応して，4 つの数字を各国で各財 1 単位の生産に要する労働量として図表化する。

(iv) その図表において，「貿易以前」の両国の生産費ないし交換比率を示す。

(v) リカードには交易条件の決定理論が欠如しているとし，決定要因につい

ての説明がないまま，引用文［5］の第一文においてクロス1単位対ワイン1単位の交易条件を設定している。

　要するに，変型理解とは4つの数字を単位当たりの労働投入係数として一括して提示する解釈を示している。

　他方でリカードの論理に忠実な理解（原型理解）を行なうために，最初に着目された解釈上のポイントは，引用文［3］の「それゆえに（therefore）」である。イングランドの貿易パターンと貿易利益を判断する根拠は，「それゆえに」よりも前に示されているはずである。ここから，現実の世界市場で成立している交易条件（特定量のクロスと特定量のワインの交換比率）をリカードが前提としていたことが解明される。特定量の各財に要する生産費から貿易の方向と利益が確定されるというわけである。この解釈上の根拠は，引用文［2］［3］の定冠詞に求められた。

　引用文［2］（**The** quantity of wine which she shall give in exchange for **the** cloth of England）の定冠詞（The, the）を「意識的に」訳し直すと「ポルトガルがイングランドの『特定量の』クロスと交換に与えるワインの『特定の量』は」となり，引用文［3］（that to produce **the** cloth may require the labour of 100 men for one year; and if she attempted to make **the** wine）においてクロス（cloth）とワイン（wine）に付けられた定冠詞（the）を意識して訳し直すと「イングランドが，『その特定量（aヤール）の』クロスを生産するのに年間100人の労働を要し，もし『その量（bガロン）』ワインを生産しようと企てれば年間120人の労働を要する」となる。したがって，イングランドで年間100人の労働によって生産されうるクロスの「特定量」と120人の労働で生産されうるワインの「特定量」とが「現実の世界市場で…1対1で換えられているのである」（行沢 1978: 208）[5]。

　ここで示された原型理解の特徴は，以下のようにまとめられる（森田［1977］

---

[5]　行沢（［1974］1988: 130）によれば，比較生産費説の原型理解について行沢以前に明白な立言をした唯一の例は木下（1963）である。行沢（1978）は Sraffa（1930）を↗

1988: 308)。

(i) リカードは,「貿易以前」を想定せず,現実にイングランドのクロスと
ポルトガルのワインが交易されているという事実から出発する。
(ii) 現実に成立している交易条件（クロスとワインの交換比率）を所与とす
る。現に等価で交換されている一定量のクロスおよび一定量のワインを
それぞれの計算単位とし,
(iii) それぞれの国について,輸入品の入手費用（輸入品の対価となっている
輸出品の生産費）と,それを自国で生産したとすれば要するであろう費
用とを比較して,
(iv) 前者が後者よりも小さいがゆえに貿易が行なわれ,労働の節約が実現さ
れていることを説明しているのである。

　原型理解によって浮き彫りになったリカード自身による貿易利益の推論形
式（iiiからivへ）は,Viner（1937: 440）が命名した貿易利益にかんする「18
世紀ルール」——「諸商品は,その国内生産よりも少ない実質費用で輸出品
と交換に入手されうる場合には,海外から輸入される」——の域を出ないも
のであると判明する（行沢 1978: 208–209）[6]。
　早期に4つの数字の真の意味を明らかにした行沢であったが,1980年に
世を去ったために彼には原型理解をさらに追究・発展させる時間は残されて

取り上げて検討しているが,4つの数字の一括引用および図表化という自ら設けた変
型理解の条件に惑わされたためか,スラッファが4つの数字を労働投入係数から明
確に区別し,しかも貿易利益にかんするリカードの簡明な提示方法を端的に指摘し
ている点を看過している。

[6] リカードが18世紀ルールと同内容の説明をしたものとして,次のものがある。「ア
メリカにとっては,自国の商品の返礼として獲得する商品が,ヨーロッパ人に労働
を多く費やさせているか少なく費やさせているかは,どうでもよいことである。ア
メリカが利害関係をもつのは,この商品を自国で製造するよりも購買するほうがア
メリカにとりよりわずかの労働しか費やさせないということにつきるのである」
（*Works* II: 383）。

いなかったのである[7]。

2.3 リカード貿易論の変型プロセス

それでは，リカード貿易理論をリカード・モデルに変型したのは誰か。Ruffin（2002: 742–743）は「J.S. ミルこそはこのリカード理論の合理的再構成に責任がある」という。

4つの数字の理解に焦点を絞って，ミル父子によってリカード貿易論がいかに変型されたかを追跡するだけでも，その作業は複雑である（吉信 1991; 1997，田淵 2006 第4章）。確かに J.S. ミルは，財1単位当たりの労働投入係数としての4つの数字を与え，リカードの『原理』第7章の論述には欠如していた交易条件決定理論を補完するために，〈貿易前から貿易開始後へ〉という構図を導入している。1829～30年に執筆し，後に『経済学の未解決問題』に所収されて公表された第一論文（Mill 1844）と『経済学原理』（Mill 1848）において，J.S. ミルは，4つの数字をめぐるほぼすべての主要な設例を，父の『経済学綱要』（Mill 1826）から引用している。この過程で J.S. ミルは，父が当書の初版・第2版（Mill 1821; 1824）で犯した誤りを「リカードの誤り」として批判し——「ぬれぎぬ問題」と呼ばれている——，これが第3版（Mill 1826）での修正をもたらした。こうした批判の過程において相互需要による交易条件決定のメカニズムが J.S. ミルによって確立されたのである。

しかしながら，ミル父子が行った理論的営為のうち，4つの数字をめぐる変型プロセス以上に重大な意義をもつものとして注目すべきなのは，以下の点である。

(i)　J. ミルがリカード貿易論の構図を2国2財モデルの枠組みに押し込めた可能性。

---

[7]　行沢（[1974] 1988）は根岸（1996）によって以前から海外に紹介されていたが，4つの数字についてのその解釈が Ruffin（2002）に先鞭をつけていたことが国際的に知られることになったのはごく最近である（Tabuchi 2017b）。

13

(ii) J. ミルの枠組みに基づいて，J.S. ミルが国際貿易の諸法則と貿易利益の
　　分配に貿易論の焦点を絞ったこと。

(iii) J.S. ミルが国際価値（international values）という概念を与え，これを国
　　際交易条件（terms of international interchange）と同一視する思考回路を
　　形成したこと。

(iv) J.S. ミルは，国際間での商品交換の価値決定において需給価値説に転回
　　したこと。

　要するに，父の枠組みにしたがった J.S. ミル以後におけるリカード貿易理
論の分析構図と思考回路は，2 国 2 財モデル，国どうしでの商品交換として
の貿易，交易条件としての国際価値，需給による交易条件の決定として定着
したと考えられている。しかしながら，トレンズはこれらの形式を J.S. ミル
に先だって各種出版物のなかで公表していたし（久松 2016b），J.S. ミル自身
が『経済学の未解決問題』の序文でトレンズからの影響をほのめかしている
（Mill［1844］1967: 231; 訳 206）。とはいえ，古典派期においてリカード貿易
論の変型を仕上げた人物が J.S. ミルであったことは否めない。こうして
「J.S. ミルが比較優位の分析にもたらした形式は，つづく数世代にわたって
研究の原動力となり，以後のすべての貿易理論の発展の出発点となったので
ある」（Ruffin 2002: 742）。

　リカード・モデル——その祖型は Samuelson 1948——を形成した責任者と
して，J.S. ミル（あるいはミル父子）と並んで指摘されるべきは，ヴァイナー
とハーバラーである。J.S. ミルが行なったリカード貿易論の変型プロセスを
見抜けず，J.S. ミルの理論をリカードのそれと同一視したのが，彼らだった
とみなされているからである。とりわけ Haberler（1930; 1933: chap. 13; 1936:
chap. 12）は，オーストリア学派の代替費用（Substitutionskosten）説ないし
機会費用（opportunity costs）説によって比較優位の原理の再定式化を試み，
労働を単一生産要素とする費用不変のケースを線型の「代替曲線」として描
いたが，これは生産可能性フロンティアとして今日まで踏襲されている。ま

た複数の生産要素と収穫逓減を考慮して彼が描いた原点に対して凹の曲線は，「ラーナー，サミュエルソン，さらにはオリーンの理論を基礎づけることとなったのである」（Chipman 1987: 581）。

　結局のところ，現代のテキストブックのリカード・モデルは，古典派期にJ.ミルやトレンズの影響を受けながらJ.S.ミルが仕上げたものを，20世紀にハーバラーが現代的にアレンジしたものであり，これにリカードの名前を冠する合理的な理由はほとんどないと言えよう。そのうえ，Ruffin（2002）の尽力によって成し遂げられた，比較優位の原理の創始者としてのリカードの復権を揺るがす研究が出来したのである。

3. 「比較優位の原理」の先駆者をめぐる再発見

　国際経済学の分野で著名な経済学者たち[8]は，比較優位説の発見者としての栄誉を19世紀の経済学者トレンズに授けてきた。トレンズは，『穀物貿易論』初版（1815年）の第3部に記された以下の文章においてこの原理を最初に提示したと解釈された。

> イングランドは，ある一定量の資本で，ある量のクロスを調達できる技術を工業で獲得しているとしよう。ポーランドの耕作者は，その量のクロスを得るためなら，イングランドが自国内で同一量の資本で栽培可能な量よりも多くの穀物を与えるとしよう。この場合，イングランド国内の諸々の土地は，それらがポーランドの諸々の土地と同等であるとしても，いやそれどころか，たとえそれらのほうが優れていたとしても（even though they should be superior），耕作されずに放置されるだろう。そして，イングランドの穀物供給の一部は，ポーランドから輸入されることになるだろう。（Torrens 1815: 264–265）

　ここでは，イングランド＝ポーランド間のクロスと穀物の国際取引におい

---

[8] 久松（2016b）を参照されたい。

て，イングランドがポーランドに対してクロスと穀物の双方の生産において絶対優位をもっている場合でも，イングランドは，穀物の国内生産をやめ，ポーランドから穀物を輸入するという貿易パターンが説かれている。これは確かに，比較優位の思考がなければ成立しえないものであり，比較優位説の発見者としてトレンズ有力説を唱える多くの研究者は，「たとえそれらのほうが優れていたとしても」という言葉を根拠に自らの主張の正当性を訴えた。しかし Ruffin（2005: 715–718）は，「ほんの一握りの語句がひとつの理論を構成するかのように」論じることを許さず，『穀物貿易論』の随所で絶対優位に基づく議論がなされていることを主な根拠とし，トレンズに絶対優位論者の烙印を押したのである。実際，トレンズが数値例をともなってこの原理を本格的に展開したのは，『穀物貿易論』第 4 版（1827 年）においてであった。トレンズを比較優位説の発見者とみなす見方をでっち上げと切り捨てた Ruffin（2005）は，その最初の提唱者を再びリカードに帰した。リカードが比較優位説を発見したのは 1816 年 10 月の第 1〜2 週の間のことだったという（Ruffin 2002: 727）。

　ところで，トレンズの『穀物貿易論』初版の序文には，「第 2 部［第 3 部？］に含まれる議論のうち 1 つか 2 つは，『外国産穀物の輸入にかんする［諸考察］』と題するかなりの価値をもつ小冊子…が提起していたように思う」（Torrens 1815: xiv）と記されていた。1814 年，匿名の論者によって『外国産穀物の輸入にかんする諸考察』と称する小冊子が出版された。この書は，180 年以上もの間，歴史の表舞台に姿を現すことはなかったが，それが包摂する内容は，国際貿易の学説史に新たな貢献を加えるに値するものであった。この論者は，次のように論じている。

　　もしイングランドがドイツとの交易に際して，10 人の 10 日間の労働で製作された一定量のコットンクロスを与え，…イングランドでは 20 人の 10 日間の労働でしか生産されえなかった一定量の鉄ないし小麦を受け取るとすれば，イングランドが自国の 2 倍の労働をその生産に用いれ

ば獲得できたであろう以上の利益を得ること…は，明らかである。…他方で，イングランドでは10人の10日間の労働で製作されえたが，ドイツでは2倍の労働と資本…でなければ製作されえなかった量のコットンクロスと交換される鉄ないし小麦を，ドイツが10人の10日間の労働で生産しえたとすれば，ドイツも同様に利益を得る。(Anon. 1814: 7-8)

　ここでは，イングランド＝ドイツ間のコットンクロス（または小麦）と鉄の国際取引において，絶対優位の考え方に基づく貿易パターンが説かれている。しかし，この匿名論者は以下のように例証を続ける。

　イングランドもドイツも，同一費用の労働と資本で鉄と小麦を生産しうると仮定しよう。しかもイングランドは，より優れた技巧によって，この労働と資本をコットンクロスの製造に転換でき，そうして生産されるコットンクロスの数量は，ドイツがその労働と資本を同じように使用することで生産しうる数量を大きく上回るとしよう。この場合においてもなお，両国はこの交易によって利益を得るに違いない。…ドイツが獲得するコットンクロスの数量は，穀物ないし鉄の生産に用いられるのと同一の労働と資本によって自国で製作できたであろうコットンクロスの数量よりも多い。イングランドが獲得する穀物ないし鉄の数量は，コットンクロスの製作に用いられるのと同一の労働と資本によって自国で生産できたであろう穀物ないし鉄の数量よりも多い。この種の交易は通商の基礎をなす。(Anon. 1814: 8-9)

　ここでは，イングランドはドイツに対してコットンクロスの生産において絶対優位をもっているが，鉄の生産に関しては両国の間に優位性はないという状況が仮定されたうえで，この場合においてさえも，イングランドはドイツにコットンクロスを輸出し，そこから鉄を輸入する方が，またドイツはイングランドに鉄を輸出し，そこからコットンクロスを輸入する方が両国に

17

とって有益であると説明されている。このような主張の背後に，比較優位の原理に基づく思考があったことは容易に想像されうる。

トレンズは，この匿名の小冊子に言及した唯一の19世紀の経済学者だった。『リカード全集』の編集のために集められた経済学の古典のなかにこの書は含まれていたが，20世紀のスラッファはそのもつ価値に気づかなかった。この小冊子を忘却の歴史から救い出したのは，スラッファ文書の整理を行った De Vivo（2000; 2010; 2014）であった。De Vivo（2012: 101）や Grančay and Grančay（2015: 71）は，『穀物貿易論』初版における『諸考察』への言及を根拠にして，トレンズがその比較優位の原理を拝借した可能性を指摘している。しかし，トレンズがその原理のもつ真の意味を理解したうえでそれに依拠したとは考えられない（久松 2016b）。

1814年の『諸考察』は，比較優位の原理を説明する十分な議論を展開しているとは必ずしも言えないが，1815年のトレンズよりも明確にその本質をとらえて設例を提示していること，またその原理の発見者とみなされてきたリカードの『原理』の出版に3年先立っていたことから，国際貿易の学説史において再評価されるべきものといえよう。

4. リカードが志向した価値論とは何か

4.1 生産費価値説

Faccarello（2015a; [2015] 2017）は，Ruffin（2002），Maneschi（2004）らの議論の対象が『原理』第7章のわずか15%を占めるにすぎない4つの数字の部分に限定されているうえに，新古典派のレンズを通して実物タームのみに着目する点を批判し，リカード貿易論の再解釈をさらに進めて，第7章後半の貨幣にかんする議論や『原理』全体，さらにはリカードの他の諸著作をも視野に入れた注目すべき読解を提示した。以下はその結論の要約である。

(i) リカードにおいては，国内交換と国際交換の間に重要な差異はない。リカードの貿易の分析はマクロ・レベルで行われているように見えるが，

18

国でなく個人こそが交易の主体である。すべての交換は貨幣を介して行われ，国内価格から区別された国際価格は存在しない。国内取引・国際貿易のいずれにおいても，ミクロ主体が自己の利益にもとづいて取引を行い，価格は自然価格に落ち着く傾向を有している。

(ii) 一国の貿易利益は競争市場における個別主体の行動の意図せざる結果であり，比較優位の原理によって貿易フローを説明することはできない。リカードが「比較優位」という言葉を貿易に関連して用いたことは一度もない。

(iii) リカードは国際均衡の特徴と攪乱的なショックがもたらす影響を分析し，貴金属の配分の変化を通じて攪乱的なショックが各国における貨幣価値の相違をもたらすことを重視した。

　豊富な典拠にもとづいて導出されたこれらの結論がもたらすリカード貿易論研究の再検討は，J.S.ミル以来の当該研究の枠組みを解体する衝撃力を有している。まず (i) より，輸出品は，国内で取引される商品と同様に，その生産国におけるその自然価格すなわちその生産費[9]で販売される。したがって，「価値は生産費に比例するという原理は，こうして適用できなくなるから，われわれは生産費の原理に先行する原理，生産費の原理を結果的にもたらす原理，すなわち需要と供給の原理に立ち返らなければならない」(Mill [1844] 1967: 237 ／訳218) という J.S.ミルの転回は不要だったということになる。J.S.ミルがこの転回の必要性を判断したのは，先述の通り，「1国において商品の相対価値を規定するのと同じ法則が，2国あるいはそれ以上の国のあいだで交換される商品の相対価値を規定するわけではない」(*Works* I: 133) というリカードの立言を受けてのものである。J.S.ミルはリカード貿易論の課題を4つの数字にもとづく理論操作に局限して，国際価値の問題を国どうしのバーター貿易における交易条件決定の問題に置き換えることに

---

[9] 自然価格を生産費と同義に扱うのは，ほとんどの19世紀古典派経済学者たちに共通している。

よって，相互需要説というリカードとは異なる解決を提示したといえる。し
かしリカードは，国内価値（自然価格ないし生産費）と区別される特別な国
際価値というものは存在しないし，国内・国際間を問わずあらゆる取引は個
別業者の自己利益にもとづき自然価格にしたがって行われると見ていたので
ある。

　だとすれば，イングランドとポルトガルがクロスとワインの貿易から相互
に利益を得るという4つの数字の前後で論じられる状況は，（ii）で言われて
いるように，個別の取引が総体としてもたらした結果を描いているにすぎ
ず，これが比較優位の原理として貿易フローを決定することはない。実際，
行沢（1977）やRuffin（2002）が明らかにしたように，4つの数字の箇所は
すでに現実の交易が行われている結果を描いたものにすぎない。そこでは貿
易フローも交換比率も所与であった。J.S.ミルは，リカードには交易条件の
決定理論が欠如していたと捉え，それを補完するために「貿易前」の状態を
想定して，貿易利益が発生するから貿易が行われるというふうに因果関係を
擬制的に逆転させてしまったのである。

　それでは，個別業者はいかにして自国の自然価格で商品を輸出できるの
か。個別業者は自己の利益にもとづいて取引を行うので，生産費（＝通常率
の賃金＋通常率の利潤）を下回る価格では輸出を行わない。生産費を上回る
価格での輸出が可能になると，通常率を上回る利潤を一時的に獲得である
が，他の業者の参入によってやがてはその通常率に落ち着き，生産費に等し
い自然価格で輸出を行なうことになる。

　自然価格は貨幣タームでの生産費であるため，貨幣価値が変化すればそれ
も変動する[10]。したがって，自国の自然価格で相手国に輸出するということ
は，（輸送費等の経費を捨象すれば）自国の自然価格と同じ価値をもつ商品
を輸出先の貨幣で表示した価格で販売するということを意味している。これ

---

[10]　「［商品の］自然価格，すなわち貨幣でのその生産費は，実際には貨幣の価値変動に
　　よって変わるし，需要のいかなる増加もなしに，商品の価格は当然その新しい価値
　　に適応するだろう」（*Works* I: 383）。

20

に関しては，（iii）の論点が重要となる。貴金属の国際的配分が技術改良等の要因で攪乱を受けることによって，貴金属価値（貨幣価値）が国ごと相違するという事態が生じるからである。リカードは国内取引と国際取引との間に大きな相違を見いだしていないとはいえ，この点は両者に違いをもたらす。実際に，『原理』の第1〜6章では貨幣価値の変動が考慮の外に置かれ，第7章では貿易にともなう貨幣価値の変動とその結果として生じる貨幣価値の国家間での相違が正面から議論の対象として取り扱われている。彼は，貨幣価値の変動や各国間の相違も視野に入れた自然価格での国際取引を考えており（*Works* II: 26–27），自然価格概念を基軸とする生産費価値説を一貫して採用していたのである。

4.2 国内取引と国際取引の間における価値法則の違い

リカードは，国内での商品交換における相対価値を定めるルールが国際間取引においては妥当しないことの理由として，資本と労働の国際間移動の困難を挙げている（第2節の引用文 [5]）。資本移動が国際間で困難であれば，国際的に利潤率が不等になるからである（*Works* I: 136）。この論点は，リカード自身の文脈からすれば，比較優位の原理とみなされてきた議論の提示よりも重視されている（Ruffin 2002: 734）。そこで，リカードが国内で通用すると考えた価値法則とは何か，なぜそれが国際間での商品取引（国際貿易）には適用されえないのかを明らかにしなければならない。

マルクス派はもちろん，Viner（1937）や Haberler（1930; 1933）でさえも，リカードが国内で通用すると考えた価値法則をマルクス的な意味での労働価値説であると考えていた。しかし，Hollander（1979: 209／訳283）が指摘しているように，「リカードが厳密な労働価値説を定式化したことは一度もなかった」[11]。むしろわれわれは，リカードの価値論を「労働価値説ではなく生産費論として一元的に理解しようとする」竹永（2000: 116）に従って，こ

---

[11] リカードにはマルクス的な意味での労働価値説と生産費価値説が併存していたとする解釈がある。例えば，Peach（1993: 207）は「リカードは2つの主要な価値の概 ↗

こでの問題に取り組むべきであろう。リカードの経済理論を最初に数学的に再構成したウィリアム・ヒューウェル（William Whewell, 1794–1866）もリカードの価値論を生産費価値説とみていたし（Whewell 1831: 31; Faccarello [2015] 2017: 115 参照），その他の同時代人であるトレンズ（Torrens 1843: 14），そして J.S. ミル（Mill 1844; 1848）でさえも，国際間では通用せず国内でのみ妥当するリカードの価値法則を生産費価値説であると言明している。

　リカードの価値論に従えば，資本と労働が完全に自由に移動できる国内において，同一期間に同一の資本労働比率でもって生産される2商品の相対的生産費は労働量の相対比に比例しなければならない。例えば，1期間で労働のみによって2種類の財（第1財と第2財）が生産され，したがって資本は，労働を雇用するのに必要な賃金基金で構成されるとしよう。第 i 財の自然価格を p_i，第 i 財の労働投入係数を a_i，労働の自由な移動の結果として両生産部門で均等に成立する労働1単位当たりの（貨幣タームでの）自然賃金率を w，資本の自由な移動の結果として両生産部門で均等に成立する一般利潤率を r としよう。ただし，$i=1, 2$ である。この場合，第 i 財1単位の生産に費やされる賃金（wa_i）と，そこに含まれる一般利潤——賃金資本に対して一般率で得られる利潤——（wa_ir）との合計で表わされるのが生産費（$wa_i + wa_ir$）であり，それが自然価格（p_i）に等しくなるというのが生産費価値説の意味するものである [12]。したがって，それは次式で示される。

$$p_i = wa_i(1+r). \tag{2}$$

（2）式より，次式を得る。

$$\frac{p_1}{p_2} = \frac{wa_1(1+r)}{wa_2(1+r)} = \frac{a_1}{a_2}. \tag{3}$$

　（3）式は，2商品の相対価格がそれらの労働量の相対比に比例することを

↗念をもっていた。ひとつは「労働量」に関連づけられるものであり，もうひとつはより伝統的な（相対的）生産費という性質のものである」と述べている。

[12] 「私［リカード］によると，生産費はつねに賃金と利潤を意味するものであ」り，「自然価格は生産費の別名にすぎない」（*Works* II: 42, 46）。

22

示している[13]。このように純粋な労働のみによって同一期間（例えば1年間）に生産される2商品の相対価格は労働量に依存して定まると，リカードは考えている[14]。

　そこで，4つの数字の議論に目を向けてみよう。行沢やスラッファらの解釈に従えば，イングランドとポルトガルで取引されるクロスとワインの数量は，それぞれ$\bar{X}$と$\bar{Y}$ですでに確定済みである。イングランドのクロス$\bar{X}$単位と，ポルトガルのワイン$\bar{Y}$単位とが等価で交換されることは，次式が成り立つことを意味している。

$$\frac{p_x}{p_y} = \frac{\bar{Y}}{\bar{X}} \Leftrightarrow \frac{p_x\bar{X}}{p_y\bar{Y}} = 1. \tag{4}$$

(4) 式よりわかるように，2国の交易条件（p_x/p_y）が確定済みである，すなわち，リカードは4つの数字で示されるイングランド＝ポルトガル・モデルにおいて，交易条件を考慮の外に置いていたのである。また，クロス$\bar{X}$単位とワイン$\bar{Y}$単位は，それぞれ，イングランド国内で労働者100人が，ポルトガル国内で労働者80人が1年間働いて産出されたものである。クロス$\bar{X}$単位とワイン$\bar{Y}$単位とは，異なる投下労働量の所産であるにもかかわらず，国際間では等価で交換されるのである。すなわち，国際間での商品取引においては，生産費が投下労働量に比例するというルールが妥当しないのである（$p_x\bar{X}/p_y\bar{Y} \neq 100/80$）。Ruffin（2002; 2005）は，労働と資本（ここでは賃金資本）

---

[13] リカードは，「労働量とは何を意味しているのか？それは商品の費用を意味しているのか？——費用とは，つねに，価値をもつある商品で測られる生産費を意味しており，つねに資本の利潤を含んでいる。2つの商品の生産費は，私が以前に述べたように，それらに投下される労働量に比例するかもしれないが，労働そのものとは本質的に違ったものである」（*Works* II: 79）と述べている。2商品の生産費の相対比（$[wa_1 + wa_1r]/[wa_2 + wa_2r]$）は，投下労働量の相対比（$a_1/a_2$）に比例することはあっても，生産費は，賃金に等しい労働費用（wa_i）とも異なっているし，また労働量（a_i）とも異なるものである。

[14] 「人々が生産において機械を用いず，労働だけを用い，財を市場に出荷するまでに同じ長さの時間がかかるとするならば，彼らの商品の交換価値は用いられる労働量に比例するだろう」（*Works* I: 32）。

の国際間移動の不可能性に，その原因を求めた。イングランド国内で均等に成立する貨幣賃金率を w，当該国内で均等に成立する一般利潤率を r，ポルトガル国内で均等に成立する貨幣賃金率を w^*，当該国内で均等に成立する一般利潤率を r^* とすれば，クロス $\bar{X}$ 単位とワイン $\bar{Y}$ 単位の相対生産費は次のように表される。

$$\frac{p_x \bar{X}}{p_y \bar{Y}} = \frac{100}{80}\left[\frac{w(1+r)}{w^*\left(1+r^*\right)}\right]. \tag{5}$$

(5) 式において，$w \neq w^*$ と $r \neq r^*$ のうち少なくとも一方が成り立ち，かつ偶然に $w(1+r)/w^*(1+r^*) = 0.8$ が成り立つようなことがなければ，$p_x \bar{X}/p_y \bar{Y} \neq 1$ となってしまう。このことは，資本と労働の国際間移動の不可能性によって，国際間の商品取引においては労働量に比例する交換が成立し得ないことを示している。

　ここでわれわれは，クロス $\bar{X}$ 単位とワイン $\bar{Y}$ 単位の相対生産費が1に等しくなるような別の解釈を与えなくてはならない。上の説明における問題点は，商品の「流通の一般的媒介物」（*Works* I: 137）としての「金や銀」を考慮に入れていないことにある。リカード自身はまさにこの媒介物（貨幣）を国際貿易論において念頭に置いていたのである。貨幣的調整要因を g とすれば，(4) 式は次のように書き換えることができる。

$$\frac{p_x}{g p_y} = \frac{\bar{Y}}{\bar{X}} \Leftrightarrow \frac{p_x \bar{X}}{g p_y \bar{Y}} = 1. \tag{6}$$

　したがって，金を国際取引の媒介物とする場合のクロス $\bar{X}$ 単位とワイン $\bar{Y}$ 単位の相対生産費は，次式で示される。

$$\frac{p_x \bar{X}}{g p_y \bar{Y}} = \frac{100}{80}\left[\frac{w(1+r)}{g w^*\left(1+r^*\right)}\right]. \tag{7}$$

　仮に資本と労働のうち少なくともどちらかが国際間を移動できなかったとしても，したがって，$w \neq w^*$ と $r \neq r^*$ のうち少なくともどちらかが仮定されていたとしても，$w(1+r)/g w^*(1+r^*) = 0.8$ となるように貨幣的調整要因（g）

が調整されるならば，クロス $\bar{X}$ 単位とワイン $\bar{Y}$ 単位との交換が実現される，すなわち，クロス $\bar{X}$ 単位とワイン $\bar{Y}$ 単位の相対生産費が 1 に等しくなるのである。リカードが 4 つの数字で組み立てたイングランド＝ポルトガル・モデルは，ある生産部門における技術進歩といった撹乱がたとえ生じなくともこのような貨幣的調整がなされることを前提とした議論であったといえる。

　リカードにおいては，国内交易においても，国際貿易においても，生産費説によって価値が規定される。しかし前者においては，流通の一般的媒介物としての金銀を考慮することなしに諸商品の相対価値が規定される——したがって条件さえ整えば，投下労働量に比例した交換も成り立ちうる——のに対し，後者においては，生産費の差異の調整を可能とする金銀が流通の一般的媒介物として役割を果たすことによってはじめて諸商品の相対価値が規定されることになる。したがって，価値規定のルールにおける国内交易と国際貿易との違いは，前者では $w = w*$ かつ $r = r*$ に加えて $g = 1$ が成り立つのに対し，後者では $w \neq w*$，$r \neq r*$ の可能性に加えて $g \neq 1$ の可能性がありうるために生産費の貨幣的調整が必要とされることにあるといえよう。このことは，リカードの貿易理論（リカード本人が提示した"リカードのモデル"）においては，貨幣的調整が考慮されなければならないことを意味している。

　リカード亡き後，リカードと同じように，国内交換と国際交換の双方において生産費説が商品交換の理論として成り立つことを主張した人物がいた。オックスフォードの教授職を務めたナッソー・ウィリアム・シーニア（Nassau William Senior, 1790–1864）である（Senior 1843: 20）。このことは，書簡形式でのトレンズによる以下のシーニア批判より容易に見てとれる。

　　私の主張では，国際交易条件は生産費ではなく需給によって定まる。あなたの主張では，国際交易条件は需給ではなく生産費によって定まる。私の見解では，外国商品の相対価値は国内商品の相対価値を定めるものとは異なる法則により定まる。あなたの見解では，外国商品の相対価値も国内商品の相対価値も同一の法則により定まる。（Torrens 1843: 14）

トレンズは,「リカードが提起した貴金属の配分にかんする学説」(Torrens 1843: 8)の意義を認めつつも,「生産費は,同一国内で生産される諸商品の相対価値を定めるが,国を異にして生産される諸商品の相対価値を定めないという,リカードが提起した原理」(Torrens 1843:14)に重きを置き,交易条件の決定方法の解明を試みたのである。リカード本人の貿易理論を歪曲し,そのなかに交易条件不確定の問題があるように仕向けた人物のひとりは,トレンズだったのかもしれない。

5. むすびにかえて

リカードが『原理』の貿易にかんする章で与えた有名な4つの数字は,現代のリカード・モデルで説明されるような各財1単位当たりの労働投入係数ではなく,現実の貿易で取引される特定量の各財の生産に必要な労働量であったという解釈が,経済学史上で通説となりつつある。こうした解釈のもとでは,貿易パターンと交易条件は所与である。また,4つの数字のうち2つの数字の引き算によって貿易利益が算出されうるのであり,もはや18世紀ルールの域を出ないものでしかなかった。

リカードの死後,トレンズやJ.S.ミルは各財1単位あたりの投入係数としての4つの数字を比較優位の説明に与え,さらに彼ら以降のリカード貿易論の分析構図と思考回路は,2国2財モデル,国どうしでの商品交換としての貿易,交易条件ないし国際価値,需給による交易条件の決定と規定されるようになった。20世紀に入ると,ヴァイナーやハーバラーを通じて,トレンズやJ.S.ミルらによって形づくられた貿易論の範疇でリカード貿易論がより現代風につくりかえられ,それが現代のリカード・モデルの創出につながった。

さらには,リカード『原理』の出版に数年先立って公刊された『外国産穀物の輸入にかんする諸考察』という匿名のパンフレットのなかに比較優位の原理にもとづいた議論が展開されていたことを指摘する近年の研究によって,当該原理の最初の提唱者として復権を果たしたリカードの地位は再び揺らぎ始めたのである。

J.S. ミルが相互需要説でもって解決してみせたと考えた国際価値（交易条件）決定は，リカード自身にとっては問題ではなかった。リカードは国内取引と国際取引いずれにおいても生産費価値説を一貫して展開していたのであって，彼が「1国において商品の相対価値を規定するのと同じ法則が，2国あるいはそれ以上の国のあいだで交換される商品の相対価値を規定するわけではない」というとき，国際取引における商品の相対価値の規定においては，国内取引の場合とは異なり，資本と労働の国際移動の不可能性による各国の賃金率と利潤率における不均等の可能性と各国の貨幣価値の相違とが考慮さなければならないことを意味していたと考えられる。このリカードの主張を，国内取引での価値の決定法則を生産費説，国際取引での価値（交易条件）の決定法則を需給説と読みかえた古典派論者は，トレンズとJ.S. ミルであった。

以上より，リカード・モデルにリカードの名前を冠する合理的な理由はほとんどなく，リカード本人は当該モデルを提示していたとは言えないと結論できるだろう。

参考文献

[Anon.] (1814), *Considerations on the Importation of Foreign Corn*, [Printed for the Author].

Aldrich, J. (2004), The Discovery of Comparative Advantage, *Journal of the History of Economic Thought* 26(3): 379–399.

Chipman, J.S. (1965), A Survey of the Theory of International Trade Part 1: The Classical Theory, *Econometrica* 33(3): 477–519.

Chipman, J.S. (1987), Haberler, Gottfried (born 1900), in Eatwell *et al.* (1987: 581–582).

De Vivo, G. (2000a), Introduction for "*An Essay on the External Corn Trade*", in G. de Vivo (ed.), *Collected Works of Robert Torrens*, Vol. II, Thoemmes Press.

De Vivo, G. (2010), Robert Torrens as a Neglected Economist, in N. Allington and N.W. Thompson (eds.), *English, Irish and Subversives among the Dismal Scientists*, Emerald Publishing.

De Vivo, G. (ed.) (2014), Catalogue of the Library of Piero Sraffa, Fondazione Raffaele Mattioli.

Faccarello, G. (2015a), Comparative Advantage, in Kurz and Salvadori (2017: 69–77).

Faccarello, G. (2015b), Labour Theory of Value, in Kurz and Salvadori (2017: 245–255).

Faccarello, G. ([2015] 2017) , "A Calm Investigation into Mr Ricardo's Principles of International

Trade," *The European Journal of the History of Economic Thought* 22(5), 754–790. Also published as Chapter 6 in Senga *et al.* (2017).

Haberler, G. (1930), Die Theorie der Komparativen Kosten und Ihre Auswertung für die Begründung des Freihandels, *Weltwirtschaftliches Archiv* 32, 349–370. (A.Y.C. Koo (ed. and trans.) *Selected Essays of Gottfried Haberler*, The MIT Press, 1985: 3–19.）

Haberler, G. (1933) *Der Internationale Handel*, Springer.（松井清・岡倉伯士訳『国際貿易論』有斐閣，1937 年；A. Stonier and F. Benham (eds. and trans.) *Theory of International Trade*, Kelly, 1936.）

Kurz, H.D. and N. Salvadori (eds.) (2017), *Elgar Companion to David Ricardo*, Elgar.

Maneschi, A. (1998), *Comparative Advantage in International Trade: A Historical Perspective*, Elgar.

Maneschi, A. (2004), The True Meaning of David Ricardo's Four Magic Numbers, *Journal of International Economics* 62(2): 433–443.

Maneschi, A. (2008), How Would David Ricardo Have Taught the Principle of Comparative Advantage?, *Southern Economic Journal* 74(4): 1167–1176.

Mill, J. (1821), *Elements of Political Economy*, Baldwin *et al.*

Mill, J. (1824), *Elements of Political Economy, Second Edition Revised and Corrected*, Baldwin *et al.*

Mill, J. (1826), *Elements of Political Economy, Third Edition*, Baldwin *et al.* （渡邉輝雄訳『経済学綱要』春秋社，1948 年）.

Mill, J.S. ([1844] 1967), *Essays on Some Unsettled Questions of Political Economy*, Parker. Reprinted in *Collected Works of John Stuart Mill*, Vol. 4, Toronto University Press.（杉原四郎・山下重一編『J.S. ミル初期著作集 4』御茶の水書房，1997 年）.

Mill, J.S. (1848), *Principles of Political Economy*, Parker.（末永茂喜訳『経済学原理』（全 5 巻）岩波文庫，1959–1963 年）.

Morales Meoqui, J. (2011), Comparative Advantage and the Labor Theory of Value, *History of Political Economy* 43(4): 743–763.

Morales Meoqui, J. (2017), Ricardo's Numerical Example Versus Ricardian Trade Model: A Comparison of Two Distinct Notions of Comparative Advantage, *Economic Thought* 6(1): 35–55.

Negishi, T. (1996), Japanese Studies of Ricardo's Theory of Foreign Trade, *The Japanese Economic Review* 47(4): 335–345.

Peach, T. (1993), *Interpreting Ricardo*, Cambridge University Press.

Pullen, J. (2006), Did Ricardo Really Have a Law of Comparative Advantage?: A Comparison of Ricardo's Version and the Modern Version, *History of Economics Review* 44: 59–75.

Ricardo, David (1951–1973), *The Works and Correspondence of David Ricardo*, 11 vols., edited by P. Sraffa with the collaboration of M.H. Dobb, Cambridge University Press.

Ruffin, R.J. (2002), David Ricardo's Discovery of Comparative Advantage, *History of Political Economy* 34(4): 727–748.

Ruffin, R.J. (2005), Debunking a Myth: Torrens on Comparative Advantage, *History of Political Economy* 37(4): 711–722.

Samuelson, P.A. (1948), *Economics: An Introductory Analysis*, McGraw-Hill.

Samuelson, P.A. (1969), The Way of an Economist, in P.A. Samuelson (ed.), *International Economic Relations*, London: Macmillan. （塩野谷祐一ほか訳『サムエルソン経済学体系』（第9巻）勁草書房，1979年).

Samuelson, P.A. (1976), Ilogic of Neo-Marxian Doctrine of Unequal Exchange, in P.A. Besley *et al.* (eds.), *Inflation, Trade and Taxes: Essays in Honor of Alice Bourneuf*, Ohio State University Press.

Senga, S., M. Fujimoto and T. Tabuchi (eds.) (2017), *Ricardo and International Trade*, Routledge.

Senior, N.W. (1843), Free Trade and Retaliation, *The Edinburgh Review, or Critical Journal* 77(157): 1–25.

Shiozawa, Y. (2017a), The New Theory of International Values: An Overview, in Shiozawa *et al.* (2017).

Shiozawa, Y. (2017b), An Origin of the Neoclassical Revolution: Mill's "Reversion" and its Consequences, in Shiozawa *et al.* (2017).

Shiozawa, Y. (2017c), On Ricardo's Two Rectification Problems, in Senga *et al.* (2017).

Shiozawa, Y., T. Oka and T. Tabuchi (eds.) (2017), *A New Construction of Ricardian Theory of International Values: Analytical and Historical Approach*, Springer.

Sraffa, P. (1930), An Alleged Correction of Ricardo, *Quarterly Journal of Economics* 44(3): 539–545.

Tabuchi, T. (2017a), Comparative Advantage in the Light of the *Old* Value Theories, in Shiozawa *et al.* (2017).

Tabuchi, T. (2017b), Yukizawa's Interpretation of Ricardo's 'Theory of Comparative Costs,' in Senga *et al.* (2017).

Thweatt, W. (1976), James Mill and the Early Development of Comparative Advantage, *History of Political Economy* 8: 207–237.

Thweatt, W. (1987), James and John Mill on Comparative Advantage: Sraffa's Account Corrected, in H. Visser and E. Schoorl (eds.), *Trade in Transit*, Nijhoff.

Torrens, R. (1815), *An Essay on the External Corn Trade*, Hutshard.

Torrens, R. (1827), *An Essay on the External Corn Trade, Fourth Edition*, Longman *et al.*

Torrens, R. (1843), *A Letter to Nassau William Senior, Esq. in Reply to the Article, 'Free Trade and Retaliation' in the Edinburgh Review, No. CLVII*, Smith, Elder, and Co.

Viner, J. (1937), *Studies in the Theory of International Trade*, Allen and Unwin. （中澤進一訳『国際貿易の理論』勁草書房，2010年).

Whewell, W. (1831), *Mathematical Exposition of Some of the Leading Doctrines in Mr. Ricardo's Principles of Political Economy and Taxation*, Transactions of the Cambridge Philosophical Society.

木下悦二（1963），『資本主義と外国貿易』有斐閣.

塩沢由典（2014），『リカード貿易問題の最終解決——国際価値論の復権』岩波書店.

竹永進（2000），『リカード経済学研究——価値と貨幣の理論』御茶の水書房.

田淵太一（2006），『貿易・貨幣・権力——国際経済学批判』法政大学出版局.

森田桐郎（[1977] 1988），「古典派国際分業論再考」『経済学論集』（東京大学）第43巻第3号，2–20頁．森田編著（1988）所収.

森田桐郎編著（1988），『国際貿易の古典理論——リカードウ経済学・貿易理論入門』同文舘.

久松太郎（2016a），「デイヴィッド・リカードと『比較優位の原理』——その先駆者とその後の展開」『国民経済雑誌』214巻第5号，81–99頁.

久松太郎（2016b），「ロバート・トレンズと比較優位の原理」『国民経済雑誌』第21巻第5号，51–70頁.

行沢健三（[1974] 1988），「リカードウ『比較生産費説』の原型理解と変型理解」『商学論纂』（中央大学）第15巻第6号，25–51頁．森田編著（1988）所収.

行沢健三（1978），「古典派貿易理論の形成——リカードウとミル父子」行沢健三・平井俊彦・出口勇蔵編，出口勇蔵古希記念論文集『社会科学の方法と歴史』ミネルヴァ書房，所収.

吉信粛（1991），『古典派貿易理論の展開』同文舘.

吉信粛（1997），『国際分業と外国貿易』同文舘.

Summary

Did Ricardo Truly Propose the Ricardian Model of International Trade?

Taichi Tabuchi and Taro Hisamatsu (Faculty of Commerce, Doshisha University)

Curiously, it has now been revealed that Ricardo's own theory of international trade was different from "the Ricardian Model" commonly found in modern textbooks of international economics in some respects; for example, the understanding of the "four magic numbers," gains from trade, terms of trade, and so on. Based on the Torrens-Mill understanding of Ricardo's theory of trade, the major parts of the modern model was actually completed by Haberler in the early 20th century. Therefore, there are no rational grounds for attributing this model to Ricardo or crowning it with his name.

◇コメント

神奈川大学　鳴瀬　成洋

1.　はじめに

　田淵太一・久松太郎「リカードはリカード・モデルを提示したのか」は二つのことを課題としている。一つは，リカードウ比較生産費説（比較優位の原理）の原型およびそれが変型される過程を明らかにすることである。理論本来の内容がつくりかえられることは貿易論に限ったことではない。それは古典派経済学全般に及ぶ。比較生産費説の変型は19世紀以降進行した古典派経済学に対する「理解しがたい無理解のプロセス」（スラッファ）の一齣にすぎない。もう一つの課題は，国際商品交換では投下労働価値論は効力を持たないとしたリカードウ外国貿易論の弱点を，貨幣を導入することによって克服することである。

2.　リカードウ比較生産費説の原型理解と変型の過程

　リカードウ比較生産費説の原型は以下のように理解される。まず18世紀ルールを前提としている。18世紀ルールとは，一定の交易条件（特定量のクロスとワインの交換）を前提として，輸入財を国内で生産すれば要するであろう労働量と，輸入財と交換に与えられる輸出財を実際に国内で生産するのに要する労働量を比較し，前者よりも後者が小さければ貿易によって利益が生まれるとする教義である。リカードウの提示する the four magic numbers は，国際交換されている特定量のクロスとワインを生産するのに要する労働量である。こうした前提によりリカードウは，イングランドあるいはポルトガルが特定量のクロスおよびワインを生産するのに要する労働量を与えるだけで，二つの数値の引き算により各国の貿易利益を導き出すことができた。

　次にリカードウは，18世紀ルールに，クロス，ワインともその生産にお

いてポルトガルはイングランドに対して絶対優位にあるという新しい観点（絶対的生産力格差）を付け加えている。つまり，貿易は輸入財を海外よりも少ない実質生産費で生産できる国にとっても利益となる。さらに，絶対的生産力格差のある二国が貿易を行うと不等労働量の交換が必然となる。言い換えれば，国際商品交換では投下労働価値論は妥当しない。そしてその理由として，国際間では資本と労働が自由に移動しないことがあげられる。すなわち，18世紀ルール，絶対的生産力格差，国際間における投下労働価値論の不適用，国際間における資本と労働の不可動，これらが一体となってリカードウ比較生産費説を構成している。

　しかるに主流派経済学は，the four magic numbers を単位必要労働量と解釈して一括提示し，アウタルキーにおける相対価格の相違から貿易の方向を導き，需要供給の原理に基づいて交易条件を決定し貿易の利益を導出する。通常，こうした変型はJ.S.ミルによって行われたとされるが，田淵・久松は，国内相対価格を根拠づけるには機会費用で十分であるとし，生産可能性フロンティアを用いて貿易の利益を説明したハーバラーによって1930年代になされた変型をもう一つの重要な転換であると捉える（14ページ[1]）。さらにJ.S.ミルに影響を与えたトレンズなどの理論を丹念に追いながら変型の過程を明らかにしている。以上に関し以下の論点を提示したい。

2.1　リカードウはなぜリカードウ・モデルを提示したのか

　「リカードウはなぜリカードウ・モデルを提示したのか」を問いたい。論点は二つである。

　第一は，リカードウは，穀物法論争から『利潤論』（1815年），『公債制度論』

---

[1]　田淵太一・久松太郎「リカードはリカード・モデルを提示したのか」からの引用は本誌所収の論文から行いページのみを記す。本誌所収論文では，比較生産費説の形成および変容に果たしたトレンズやペニントン，ヴァイナー，ハーバラーなどの役割に関する記述が縮減あるいは割愛されている。この点を含めた田淵・久松の議論の全容については，日本国際経済学会第76回全国大会提出論文を参照されたい（日本国際経済学会ホームページからアクセス可能）。

（1820年）に至るまで，＜安価な穀物の輸入→賃金低下→利潤率上昇→資本蓄積増進＞という動態効果を，外国貿易論の基本視角としているが，なぜ『原理』においてそれとは性格の異なる比較生産費説を提示したのか，という問題である。

リカードウの課題は「賃金による利潤の規定」を論証することであり，そのために投下労働価値論への価値論の一元化がなされた。リカードウは投下労働価値論を確立した後も「価値修正問題」に悩みながら，本書の以下の部分では，諸商品の相対価値の変化は，それらの生産に要する労働量の多少によるものと見なす（*Works*, I, pp. 36–37 [2]）として議論を進める。しかし，こうした留保を付したうえでも，絶対的生産力格差のある二国間の商品交換では投下労働価値論は妥当しない。それゆえ，リカードウは比較生産費説の冒頭で国際間における投下労働価値論の不適用の命題を述べ，その数値例として the four magic numbers を示している。比較生産費説の提示は投下労働価値論の確立と不可分の関係にあると言えるだろう。

第二は，比較生産費説の変型の起源はリカードウ自身にあるということである。貿易は絶対的生産力格差のある二国間で行われる場合でも利益をもたらすという発見は，国際間の生産力格差を比較することから生まれたものである。それは，二財の絶対的生産力格差の比較から貿易の方向と利益を導くことを誘導する。

「二人の人が共に靴と帽子をつくることができ，そして一方の人はこれら両方の業務において他方の人よりもすぐれているが，しかし帽子をつくるこ

表1 比較生産費説の一般的な想定

	ワインの単位必要労働量	クロスの単位必要労働量
ポ ル ト ガ ル	t_1	t_2
イングランド	t_1'	t_2'

---

[2] リカードウからの引用は『リカードウ全集』により巻数，原ページを記す。訳は従わない場合がある。

とにおいては，彼は彼の競争者に 5 分の 1 すなわち 20％だけすぐれているにすぎず，そして靴をつくることにおいては，3 分の 1 すなわち 33％だけ彼にすぐれている，としよう，——［この場合には，］すぐれたほうの人がもっぱら靴の製作に従事し，そして劣ったほうの人が帽子の製作に従事するのが，両者の利益ではないであろうか？」(*Works*, I, p. 136)

　ポルトガル・イングランド間と同じく靴屋と仕立屋との間では生産要素（労働時間）の移動は起こらない。したがって，靴および帽子の生産性の絶対的格差を比較し，それぞれ比較優位にある財の生産に特化することが双方の利益となる。これは個人間の取引に仮託した比較生産費説の説明である。しかし，こうした説明は変型理解に道を開き，国際間の生産力格差という視点も失われることになる。表 1 の記号を用いると，二財とも絶対優位を持つポルトガルがワインと交換にイングランドからクロスを輸入するというリカードウの想定は $t'_1/t_1 > t'_2/t_2 > 1$ と表され，$t'_1/t_1 > t'_2/t_2$ は $t'_1/t'_2 > t_1/t_2$ と変形できる。最後の式は両国の相対価格を表わすことから，両国の相対価格に差があり，その中間に交易条件が決まれば貿易の利益が発生するとされ，国際間の生産力格差は視野から消える。比較生産費説の原型理解から変型理解への変容は，18 世紀ルールに国際間の絶対的生産力格差という観点を付け加えたことによる新しい発見，すなわち比較生産費説自体に伏在している。

2.2　トレンズは比較生産費説を提示したか

　田淵・久松は比較生産費説の原型がつくりかえられる過程でトレンズが果たした役割を重視している。トレンズについては，彼が比較生産説を本格的に展開したのが『穀物貿易論』第 4 版（1827 年）においてであったとしても（16 ページ），また，トレンズが優先権を主張したのが比較優位の原理ではなく，「ある国が外国貿易から引き出す利益の性質および尺度に関する学説」（J.S. ミル）であったとしても，比較生産費説を提唱したと解釈されている同書初版（1815 年）の記述の妥当性が検討されるべきであろう。初版

表2 『穀物貿易論』初版におけるトレンズの想定（一部補筆）

	一定量の資本で生産される財の量	
	クロス（X財）	穀物（M財）
イングランド（H国）	$\overline{K^H}/a_X^H = X^H$	$\overline{K^H}/a_M^H = M^H$
ポーランド（F国）	$\overline{K^F}/a_X^F = X^F$	$\overline{K^F}/a_M^F = M^F$

（注）$\overline{K^i}$：i国で生産に用いられる資本の量

a_j^i：i国におけるj財の単位必要資本量

X^i：i国におけるX財の生産量

M^i：i国におけるM財の生産量

$i = H, F, j = X, M$

でトレンズは次のように述べている。「イングランドは一定量の資本で，ある量のクロスを生産することができる。ポーランドはそれだけの量のクロスを得るためなら，イングランドが自国において同一量の資本で生産し得るよりも多くの穀物を与える。こうした交換はイングランドの土地がポーランドよりも優れているとしても行われる」（15ページより要約）。

表2の記号を用いてこの記述を検討しよう。

① イングランドが一定量の資本（$\overline{K^H}$）で生産したクロス（X^H）と，ポーランドが一定量の資本（$\overline{K^F}$）で生産した穀物（M^F）が交換される（$X^H = M^F$）。こうした交換でイングランドは同一量の資本（$\overline{K^H}$）を用いて国内で生産し得るよりも多くの穀物をポーランドから獲得している（$M^H < M^F$）。ここでは18世紀ルールがイングランドに適用され，イングランドが貿易により利益を得ることが示されている。この場合，イングランドとポーランドで生産に投入される資本量が等しいならば（$\overline{K^H} = \overline{K^F}$），イングランドは自国で生産するよりも多くの穀物をポーランドから得ること（$M^H < M^F$）と，イングランドの土地がポーランドよりも優れていること（$a_M^H < a_M^F, \; M^H > M^F$）は矛盾する。

② イングランドの土地がポーランドよりも優れている（$a_M^H < a_M^F$）にもかかわらず，X^Hのクロスと交換に，一定量の資本（$\overline{K^H}$）を用いて自国で生産し得るよりも多くの穀物をポーランドから獲得する（$M^H < M^F$）場合には，

両国で生産に投入される資本量は異なる（$\overline{K^H} < \overline{K^F}$）。この場合，生産に投入される資本量が異なる X^H と M^F とが交換されるのだから異なる価値が交換されることになるがこのことの指摘はなく，こうした交換が行われる根拠も示されていない。

③　トレンズはポーランドにおけるクロスの生産条件を明示していない。これは，ポーランドには 18 世紀ルールが適用されておらず，貿易により双方の国に利益が発生することが明らかにされていないことを意味する。

トレンズは匿名著者の『外国産穀物の輸入にかんする諸考察』（1814）を参照したとされる（16 ページ）。同書で匿名著者はイングランド，ドイツ，コットンクロス，鉄という二国二財を前提として，両国とも貿易によって利益を得ることを 18 世紀ルールで説明しているが，その際コットンクロスの生産についてはイングランドがドイツに対して絶対優位にあることを明確に述べているけれども，両国間の鉄の生産性格差については明確なことを述べていない。トレンズおよび匿名著者のこうした記述は比較優位の原理の説明としては不十分であろう。

トレンズは 1843 年の著書で，生産費によって交易条件を決定するシーニアを批判し，交易条件は需要と供給によって定まると述べている（25 ページ）。名和統一がマルクス派貿易論を構築する際手掛かりの一つとしたのがシーニアであることを考えると，両者の理論的対立は深く研究されるべきテーマである。

3.　国内および国際商品交換を一元的価値論で説明する

リカードウは 100 労働を要する $\overline{X}$ 量のイングランドのクロスと 80 労働を要する $\overline{Y}$ 量のポルトガルのワインが交換されることを前提としているが，こうした交易条件が投下労働量に比例しないことから $\left(\dfrac{\overline{Y}}{\overline{X}} \neq \dfrac{100}{80} \right)$，国際商品交換では投下労働価値論は妥当しないとした。これに対して，田淵・久松は，リカードウの価値論は労働価値論ではなく生産費価値論（価値＝自然価格＝

37

賃金＋一般利潤）であるとしたうえで[3]，「流通の一般的媒介物」としての金の価値の国際的相違を考慮することによって，国際商品交換も国内におけると同様に生産費によって規定されることを示す。国際商品交換が生産費によって規定されるとは，イングランドで100人の労働を用いて生産される$\overline{X}$量のクロスと，ポルトガルで80人の労働を用いて生産される$\overline{Y}$量のワインは異なる生産費をもつが，貨幣価値が国際間で異なることにより等しい貨幣表現を受け，等価として交換されるということである。このことを示したのが以下の式である（24ページ。P_x, P_yはそれぞれイングランドにおけるクロスの生産費，ポルトガルにおけるワインの生産費を表わす。wは賃金率，rは一般的利潤率を表わし，＊でポルトガルを表わす。gを貨幣的調整要因とする）。

$$\frac{p_x \overline{X}}{g p_y \overline{Y}} = \frac{100}{80}\left[\frac{w(1+r)}{gw^*(1+r^*)}\right]$$

ここで，貨幣的調整要因（g）とは，イングランドの金のポルトガルの金に対する相対価値であると理解される。gをこのように理解すると，上の式は，金をニュメレールとした場合の$\overline{X}$量のクロスと$\overline{Y}$量のワインの相対生産費を示している。国際間では資本と労働の自由移動が不可能であるため$w \neq w^*$，$r \neq r^*$であり，イングランドのクロスの生産費（$100w(1+r)$）と，ポルトガルのワインの生産費（$80w^*(1+r^*)$）は異なる。しかし国際間では金生産費（貨幣価値）も異なる（$g \neq 1$）。したがって，貨幣価値にクロスおよびワインの生産費の相違を補正するような差異が生じることにより$\left[\dfrac{w(1+r)}{gw^*(1+r^*)}\right] = 0.8$

---

[3] これは議論を呼ぶ問題である。リカードウにおいて価値が自然価格であることは共通認識である。しかし，リカードウの論理において，価値が労働によって規定されることを抜きにしてどのようにして「賃金による利潤の規定」を論証できるのか。中村廣治は次のように述べている。「労働価値論とは，賃金率や利潤率という，それ自体が価格であるか，価格を前提にして規定される範疇と無関係に，労働が価値，したがって価格を規定するという理論以外ではない」（中村1996，238ページ）。

となると，金をニュメレールとしたイングランドのクロスの生産費とポルトガルのワインの生産費は等しくなる$\left(\dfrac{p_x\overline{X}}{gp_y\overline{Y}}=1\right)$。つまり，両国の貨幣価値に反比例して，100労働を要するイングランドのクロスと80労働を要するポルトガルのワインの生産費が等しい貨幣表現を受け等価として交換される。すなわち，金をニュメレールとした場合の相対生産費に比例して国際商品交換が行われることになる。

3.1　リカードウの論理との関連で

　貨幣を導入した論理はリカードウに存在する。リカードウは比較生産費説を提示した後，貨幣を導入し次のように述べている。「イングランドにおけるワインの価格は一樽につき50ポンドであり，一定量のクロスの価格は45ポンドであったが，それに対してポルトガルでは同一量のワインの価格は45ポンドであり，同一量のクロスの価格は50ポンドであったと仮定しよう」(*Works*, I, p. 138)。

表3　リカードウの数値例

	一樽のワインの投下労働量と価格	一定量のクロスの投下労働量と価格
イングランド	120労働→ 50ポンド	100労働→ 45ポンド
ポルトガル	80労働→ 45ポンド	90労働→ 50ポンド

　表3において，100労働を要するイングランドの一定量のクロスと80労働を要するポルトガルの一樽のワインが等しく45ポンドという貨幣表現を受け，等価として交換される。そして長期的に双方の国でクロスの価格は45ポンドに，ワインの価格も45ポンドに落ち着く。というのは，「諸商品が独占の対象でないかぎり，それらが輸入国で販売される価格を究極的に左右するものは，輸出国でのその自然価格である」(*Works*, I, p. 375)からである。こうした交換が行われるのは両国の貨幣価値が異なるためである。それゆえリカードウは「異なった国々における貨幣の比較価値」(*Works*, I, p. 145)を

左右する原因の究明に向かうのである。田淵・久松の議論はこのような方向で深められる必要がある。

3.2　新しい国際価値論との関連で

リカードウ，J.S.ミルは二国二財モデルで両国完全特化を前提として国際商品交換の法則を明らかにしようとした。しかし両国完全特化は特殊であり，どちらかの国が不完全特化であることが一般的である。一国が不完全特化であるならばその国の生産費によって国際商品交換も規定される。不完全特化に限定すれば国内および国際間の商品交換を生産費によって一元的に説明することができる。両国で共通に生産される財（グレアムの言う連結財）がその要石である。不完全特化では連結財が存在するが，完全特化ではそれは存在しない。

異なる価値体系を繋ぐ要石を何に求めるかは，異端派貿易論の共通の課題であった。基軸商品説（名和統一），国民的生産力説（木下悦二），穀物ニュメレール論（ルイス）が提起されたが，いずれも恣意性を免れない。しかし，各国で共通に生産される財として先験的に想定してよい財が一つある。一般的等価としての貨幣（商品）がそれであり，その価値は国際間で異なる。「異なった国々における貨幣の比較価値」（リカードウ），「貨幣の相対的価値」（マルクス）の意義はこの点にある。名和も木下も貨幣価値との関連で理論を展開している。小島清も貨幣を導入したモデルを示している。これらの人々が認識し，田淵・久松が提示した「貨幣を導入した論理」は価値論の二元性を克服する可能性の道筋を示している。

参考文献

Ricardo, D. (1817), *On the Principles of Political Economy and Taxation*, *The Works and Correspondence of David Ricardo*, edited by Piero Sraffa with the collaboration of M.H. Dobb, Vol. 1–11, Cambridge, at the University Press for the Royal Economic Society, 1951–73, Vol. 1.『リカードウ全集』第1巻『経済学および課税の原理』雄松堂書店，1972年.

中村廣治（1996），『リカードウ経済学研究』九州大学出版会.

共通論題

リカード国際価値論の現代的意義と
可能性 *

大阪市立大学名誉教授　塩沢　由典 **

要旨

　リカード貿易理論は，多くの誤解にまとわれているが，新しい解釈と新しい国際価値論とにより，その理解は一新している。新しい国際価値論は，多数国多数財で投入財が自由に貿易されるという状況設定のもとに構築されている。それは，原材料・部品等の国際的ネットワークを通して国際価値連鎖（GVCs）がいかに形成されるかを示す分析枠組みであり，現代のグローバル化された世界経済の基礎的分析理論を提示している。

キーワード：各国間賃金率比，投入財貿易，国際価値連鎖，非自発的失業，
　　　　　　技術進歩

---

　* 本論文は，日本国際経済学会第 75 回大会（日本大学）の共通論題セッション「比較優位論の現代的意義：『経済学および課税の原理』出版 200 年記念」（2017 年 10 月 21 日午後）への報告論文「リカード新解釈と生産・貿易のネットワーク理論」を改題の上，その中心部分をまとめたものである。報告論文に比べ 2 分の 1 以下に短縮されており，多くの節が省略されている。新解釈については，田淵太一報告に譲り，本論文では簡単に触れるに留める。共通論題企画者・司会者，報告討論者石田修教授，セッションでの討論に感謝する。

** E-mail: y@shiozawa.net

1. はじめに

　高校や大学学部レベルで教えられる「リカード貿易理論」には，David Ricardo の『経済学および課税の原理』（Ricardo 1817, 1821）には存在しない観念や教説（つまり誤ってリカードの理論とされた考え方）が累積しており，『原理』200周年を期にそれらを払拭しておく必要がある。

　わたしの立場から指摘するなら，すべての国際経済学者（あるいは国際経済学を教える経済学者）に知ってもらうべき3つの誤謬がある。

　①リカードは比較優位論を唱えた。

　②リカードは労働のみが投入される生産を考えた。

　③ヘクシャー・オリーン・サミュエルソンの理論（HOS理論）は，リカード貿易論の欠陥を克服したより近代的・現実的な理論である。

　これらは，国際経済学ないし国際貿易論のほんどの教科書にみられる。比較優位が投入係数の比の大小比較による生産特化ないし貿易パタンの形成を意味するなら，リカード『原理』には，そのような記述はない。①は後の解釈をリカードに押し付けたものである。この点は，Maneschi（2004）が詳しく解説して以来，多くの論者が追認しているものであるが，日本ではすでに行澤健三（1974）が指摘していた解釈である。

　教科書では，②リカードが労働のみの投入による生産を考察したのに対し，③HOS理論では資本が導入され，より近代的な経済が考察されるようになった，と説明されている。この点については二つの訂正が必要である。第一は，リカードが労働価値説を唱えたという通説的理解に関係する。第6章までの議論に関わるが，リカードの価値論は，労働価値説ではなく，より正しくは生産費価値説と考えるべきであろう[1]。第二は，リカードは労働の

---

[1] 竹永（2000）前編，Shiozawa（2016）参照。いちばん分かりやすい論点は，第3版へ第1章第6節の最後に加えられた補注の第二段落にある（Ricardo 1951 p. 47）。原文を引いておこう。Mr. Malthus appears to think that it is a part of my doctrine, that the cost and value of a thing should be the same; —it is, if he means by cost, "cost of production" including profits.

みが投入される生産を想定して貿易を考察したという説明である。イギリス
で毛織物を一定量生産するのに100人年の労働が必要であるというのは，生
産が国内で統合されたものであるかぎり，機械設備や原材料投入を伴うもの
であってもかまわない。この点への注意がほとんどの教科書に欠けている。

　「統合された労働量」という考えは，古くから存在したものである。それは，
たとえばMcKenzie（1954, p. 145）やJones（1961, pp. 161–162）にも明示的
に指摘されている。以下に議論するように，HOS理論以降の3つの世代の
貿易論は，投入財（中間財）貿易を扱える理論ではない。この意味において，
それらはリカード理論と同水準のものである。Eaton and Kortum（2002）な
どをのぞいて[2]，リカード理論が中間財貿易を扱ってこなかったのは事実で
ある。しかし，新しい国際価値論が示すように，リカード理論の延長上に多
数国・多数財で投入財貿易を許す貿易理論は構築可能である。

　『原理』出版200年にあたって考えるべきは，原典の正確な解釈だけでな
い。リカードの価値論において残された問題がなんであり，それがそれ以降
どのように発展・整備されていったかも問題である。その際，リカードの
「国内価値論」と「国際価値論」とを分けて考えなければならない。国際経
済学にとって重要なのは，もちろん後者であるが，前者についても言及して
おこう。わたしは，リカードの「国内価値論」の完成には，20世紀のSraffa
（1960）とオクスフォード経済調査[3]の2つが必要だったと考えている
（Shiozawa 2016）。マルクスも，労働価値と生産価格との乖離に気づいてい
たが，価格理論の中核に生産価格を据えることに失敗し，それがその後のマ
ルクス経済学系貿易理論発展の阻害となった。

　国際価値論のリカード以降の展開と現代における意義が本論文の主眼であ
り，以下に論ずる。

---

[2]　Eaton and Kortum（2002）は投入財を明示的に取り入れた多数国・多数財の一般モデ
　　ルであるが，一国内の全産業が同一の投入バスケットを用いるというきわめて強い
　　仮定を導入している。これでは投入財のすくなくとも一般理論とは言いがたい。
[3]　オクスフォード経済調査については，宮崎（1967 第3章），Lee（1998 Part II）を参
　　照せよ。

43

2. リカード貿易理論とはなにか

リカード貿易理論と称されるものは，現在ではいくつもあり，それらすべてが正しくリカードの考えを展開したものであるとはいえない。

こんにち通説的にリカード理論と称されるものは，リカードを承けてJ.S.ミルが交易条件の決定論として考えたものであり，しばしば相互需要説と呼ばれている。20世紀前半には，Viner（1937），後半にはMcKenzie（1953, 1954, 1956），Jones（1961）がある。Ethier（1999）の評価によると，この系統の理論は，Jones（1961）により理論的には完成し，その後は研究の対象でなくなったとされたが，日本では三邊誠や先日亡くなった池間誠教授をはじめ，多数国多数財の研究が蓄積されてきた（Minabe 1995，池間 1993，東田 2005）。

貿易理論において多数国・多数財とは，それぞれ3国以上・3財以上を意味する。このような特殊な用語が生まれたのは，2国あるいは2財の場合と，3国・3財以上では理論展開の難しさに大きな違いがあるためである。たとえば，2国多数財のリカード理論は，Dornbusch, Fischer and Samuelson（1977）において財の個数が連続濃度をもつ場合にまで拡張されたが，これは個々の財が有限の大きさをもつ場合の面倒を省略するためであり，本格的な理論展開というべきものではない。反対に多数国2財という場合をViner（1937）は検討しているが，あまりにも現実離れした状況設定であり，引き継がれていない。相互需要説という枠組みも変っていない。ほとんどのモデルに見られる貿易収支0という仮定はこの枠組みがまだ生きていることを示している。

多数国・多数財の完成した一般理論と評価されたJones（1961）は，しかし，多くの問題を抱えている。その最大の難点は，生産可能集合の正象限内の端点（以後，簡単に内部端点という）に考察が集中してしまったことにある。Jones（1961）では，後に紹介するGraham（1948）を承けている面があるため，かならずしも内部端点のみを考察しているわけではないが，Jones（1961）後のJones理論というべきものでは，内部端点の生産特化とその点

リカード国際価値論の現代的意義と可能性

における価格決定問題に主題が限定されてきた。しかし，内部端点では，世界各国の各財に関する生産量が固定されており，生産をふくむ貿易理論というより，純粋交換経済の考察になっている。これは，J.S. ミルが Mill（1844）と Mill（1848）で展開したものであり，その伝統上に展開されてきた貿易理論である。なお，わたしはミルのこの考察が生産の経済学から交換の経済学への転換，すなわち古典派価値論から新古典派価格理論への転換を導いた大いなる分岐点となったと考えている（塩沢 2014 第 4 章，Shiozawa 2017b）。

以上の流れをもつ「リカード貿易理論」に対し，じつはもうひとつ別系統のリカード貿易理論が存在する。それが Ricardo から Frank Dunstone Graham を経て，佐藤（1994）などに引き継がれたきわめて細い流れである。本報告が主題とする新しい国際価値論は，この細い伝統の上に立っている（田淵 2006，塩沢 2014 第 4 章）。

わたしは McKenzie（1953, 1954），Jones（1961）の延長上に 30 年以上研究を続け，大阪市立大学を定年退職する直前，ようやく多数国多数財で中間財貿易と技術選択をふくむ理論に到達した（塩沢 2007，Shiozawa 2007）。その間の問題意識は，中間財貿易をふくむ一般理論という観点であった。2007年に 2 論文を書いたのも，曲がりなりにも中間財をふくむ状況での Jones の定理（塩沢 2007 定理 3.6; Shiozawa 2007 Theorem 3.4）に相当するものに到着できたからであった[4]。しかし，その後，多くの研究会などで報告させてもらい，学説史的な研究をも補強する中で，内部端点に焦点を当てるのはまちがいであると考えるようになった。端点や次元の低い稜などに注目するのでなく，生産可能集合の極大境界（frontier）の大部分を占めるファセット（N−1 次元の面）に注目するならば，リカードが国内価値論で展開したものとほぼ類似の価値論が構築できることに気づき，中央大学を退職する直前に塩沢（2014）を出すことができた。Graham（1949）の意義を知ったのは，佐藤（1994）に収録された諸論文によってである。McKenzie は Princeton 大

---

[4] しかし，（国の数）＜（財の数）の状況では，内部端点が存在しないなどの重大な事実が見逃されている。

45

学出身であり Graham の講義を聴いているはずであり，Jones は McKenzie に嘱望されて Rochester 大に移籍した貿易論における McKenzie の後継者である。とうぜん，Graham の主張は知っていたはずであるが，けっきょくは相互需要と特化パタンという古い主題の研究から脱却することはなかった。

　新しい国際価値論は，両ケンブリッジ資本測定論争を受けて 1970 年代および 1980 年代前半までに展開された Steedman（1979）や Mainwaring（1984），高増（1991）などとも主眼点を異にしている。最大の違いは，古典派の伝統的な主題である価値と分配の理論のうち，価値と分配のどちらにより大きな重みを置いたかにあろう。ネオ・リカーディアンたちは価値と分配の理論のうち，分配関係の解明に注意を注いだが，その結果，価値の理論がおろそかになった。そのような研究があってもよいが，それは高次の多項式間の大小関係を比較するという数学的に扱いの困難な問題を内包している。ネオ・リカーディアンたちの失敗は，主としてここにある[5]。かれらは資本概念に対する疑問を提起することはできたが，自己の積極的な理論の構築には完全に失敗している。

3. 新しい国際価値論の概要

　新しい国際価値論は，経済には任意個数の国・経済単位と任意個数の財の種類が存在すると考える。現在世界には国・経済単位の個数は約 200 ある。数え方にもよるが，財の種類の数は数千万から数億の大きさであると推定される。理論としては，このようにきわめて多数の財があり，それぞれが無視できない大きさを持っていることが重要である[6]。

　生産技術については，McKenzie（1953, 1954），Jones（1961）とほぼ同一の仮定にたつものであるので，詳しくは説明しない。簡単にいえば，すべて

---

[5] Deportère and Ravix（2015）の第 1 節に，ネオ・リカーディアンたちの貿易論が現在いかに受け取られているかの証言がある。

[6] Dornbusch, Fischer and Samuelson（1977）が経済学的意義において満足できる構成でない理由のひとつがここにある。

の生産技術は，一つの財を純産出し，線型で，固定した投入係数ベクトル（労働の投入係数と財の投入係数ベクトル）で記述されると想定する。ひとつの技術は，それをもつ国のある企業によって担われていると考えるが，そのような企業が複数あるかもしれない。ただひとつの財が純生産されるという仮定は，しばしば単純生産の仮定と呼ばれる。

　これらの仮定は記述を簡単にするためのものであり，さまざまな補正と拡張とが可能である。補正のひとつは，投入と産出が線型であるという仮定にある。これは工場の生産設備の生産容量以内で生産される場合であるという範囲で有効な仮定である。生産容量を超えるような生産は標準的には考えない（塩沢 2017a）。

　拡張として特記すべきことが二つある。ひとつは労働の異質性について，もう一つは耐久資本の存在が単純生産の仮定に違反する問題である。古典派価値論は，労働力が基本的に一種類であるという前提で展開される。しかし，労働力はいっぱんに異質であり，賃金率もそうとう異なる。この決定理論を持たないことは，古典派価値論の弱点である。ただ，異質な労働力の賃金比率が一定であると仮定できる（あるいは見なせる）場合には，古典派価値論も，その延長上にある国際価値論も支障なく展開できる。

　耐久資本が存在する場合に，生産後に存続する資本財を一期古くなった財として副産すると考えれば，価値論が正しく構成できる。このことを示したのは von Neumann（1944–45）である。森嶋（1974, 2004）は，これをフォンノイマン革命と呼んだ。しかし，森嶋通夫や（一部のスラッフィアンを含む）その後の研究者たちが結合生産の一般の場合に価値論を構成しようとしたのは，経済の現実からいえば，度を過ぎた一般性の追究であった。古い財を副産すると考えても，機械・設備が一定期間，同一の生産性を維持すると仮定できる場合には，耐久資本財の存在になんの支障もない。財務会計ないし税務会計での計算とはすこし異なるが，Sraffa（1960 Chap. 10）に示されている扱いにより，耐久資本の貢献は原材料費と同様の計算に正しく換算できる（Shiozawa 1975）。なお，Mill（1848）では，結合生産の場合として，牛肉と

牛革とか，石炭の乾留によるコースクと石炭ガスの連産などを例として，単一商品ごとの生産費の確定が困難となる場合を強調しているが，これは近代資本主義においては，例外として処理すれば十分である。再生産不可能な財と同様の扱いでよい。

新しい国際価値論の基本定理は，次のように表現される（塩沢 2014，第 3 章定理 17; 第 5 章定理 41，Shozawa 2017a, Theorem 3.4）。

[定理 3.1]（基本定理）

リカード・スラッファ貿易経済（$L, A, I, \mathbf{q}$）において，世界最終消費需要 $\mathbf{d}$ が生産可能集合の極大境界にあるとする。このとき，正則な国際価値 $\mathbf{v} = (\mathbf{w}, \mathbf{p})$ と生産規模ベクトル $\mathbf{s}$ が存在して，次の条件を満たす。

(1) $\mathbf{s}(I - A) = \mathbf{d}$

(2) $\mathbf{s}L = \mathbf{q}$

(3) $L\mathbf{w} + A\mathbf{p} \geqq I\mathbf{p}$

(4) $\langle \mathbf{q}, \mathbf{w} \rangle = \langle \mathbf{d}, \mathbf{p} \rangle$

このとき，$\mathbf{d}$ が世界生産可能集合の正則領域内にあるならば，このような国際価値は係数倍をのぞいて一義に定まる。また，$\mathbf{d}$ が同一の正則領域内に留まるかぎり，国際価値は一定である[7]。

リカード・スラッファ貿易経済（RS 貿易経済）とは，リカード型の貿易経済において完成財のみでなく投入財もが国際的に自由に取引される経済という意味である。記号中，A は財の投入係数行列，L は労働投入係数行列，I は産出量を 1 と基準化したときの財の産出行列，$\mathbf{w}$ は国別賃金率ベクトル，$\mathbf{p}$ は財の価格ベクトルである。賃金率と価格とは，ともに共通の国際通貨で表示されている。より詳しくは，上記文献などを参照されたい。

---

[7] 塩沢（2014）には，いつもの誤植が含まれている。第 3 章定理 17 の表現にもいちぶ不備がある。ここでは，条件（3）のまちがいを訂正したほか，定式をいくらか変更してある。

なお，上記定理において，労働投入係数ベクトル L と財の投入係数行列 A とは，物理的に計測された各係数を $1 + m(i,j)$ 倍した等価係数に換算した後のものであることに注意する必要がある。たとえば，(3) の左辺の各項は，労働投入費用と財の投入費用を $1 + m(i,j)$ 倍した値になっている。つまり，生産原価にリカードの理解する単位あたり適正利潤を上乗せしたもの（充実原価＝フルコスト）である。

行列 L, A, I は，世界のいずれかの国に存在する技術の総数だけの行数をもち，その各行はある生産技術に対応する。(3) において厳密な不等号が成立する技術（競争的でない技術）について，(1) (2) (4) より，その生産技術の生産規模は 0 である。(1)〜(4) が成り立つとき，世界最終消費需要は，競争的な生産技術のみによって生産されている。したがって，(1)〜(4) を満たす単純再生産循環が可能である[8]。

条件 (2) は，各国で完全雇用が成立していること，(1) は世界全体の純生産が世界最終需要に等しいこと，さらに (4) は，労働者が働いて得た賃金で世界最終消費需要を賃金で買い取ることができることを意味している。企業による国を超えた投資がある場合および労働者による国際間の送金によって消費需要が移転される場合，各国の貿易収支が均衡するとはかぎらない。国際価値は貿易収支の均衡を前提としていない。

条件式 (3) がいったん成立した状況を考えると，世界最終消費需要 **d** がどのような大きさであれ，もしそれが競争的な生産技術により，既存の労働力と原材料の範囲で生産できるならば，そこには価格変化の誘因が働かない。最終需要の変化は，原材料投入連鎖を介して世界大に影響するが，それは需要の変化に対する生産・供給の変化として吸収される[9]。この関係は，一国内の産業連関においてレオンチェフ逆行列によって推定されるものと同

---

[8] 厳密には，等価経済での再生産であり，それを通常の再生産に読み替えるには Oka (2017) のような換算と解釈とが必要となる。

[9] 谷口 (1997) および森岡 (2005) を参照せよ。なお，報告者は谷口・森岡ともにこの結果を英語で紹介するよう準備中である。

49

様の過程であり，国際貿易状況においても大まかにはその過程は国際産業連関表のレオンチェフ逆行列により表現される。

　基本定理により（係数倍をのぞいて）正則領域内で一義的に定まる国際価値を「正則な国際価値」という。しかし，このようにして得られる正則な国際価値は，世界最終消費需要 **d** とは関係なく，独立に存在しうるものである。じっさい，次の定理が成り立つ[10]。

［定理3.2］（一義性定理）

(M,N) RS 貿易経済において，生産技術の集合 T が

（a）一般の位置にある，

（b）生産的である，

（c）T の形成する 2 部グラフは全域木である，

（d）ある正の国際価値 $\mathbf{v} = (\mathbf{w}, \mathbf{p})$ が存在して T の任意の元は価値等式を満たす

の 4 条件を満たすとき，次の 2 命題が成立する。

（i）集合

　　$(-\mathbf{u}(\tau), \mathbf{a}(\tau))$　　$\tau \in T$

は $\mathbf{R}^{M+N}$ において一次独立である[11]。

（ii）条件（c）における国際価値は，係数倍をのぞいて一義である。

　　ここに T は，特定の性質（全域木）をもつ国際分業パタンを示している。この定理によって定理 3.1 に頼ることなく，正則な国際価値を次のように定義することができる。

---

[10]　塩沢（2017b）には，この定理の証明が挙げられている。しかし，その証明にまちがいがあり，その後 2018 年 1 月 5 日までに定理の内容とともに修正・証明された。これはまだじゅうぶんなチェックを経ていないものであり厳格に考えるなら定理 3.2 は定理ではなく予想（conjecture）と呼ぶべきものである。

[11]　これは，純産出係数で表記しており，$\mathbf{a}(\tau)$ は定理 3.1 における A の第 τ 行にあたる $\mathbf{a}(\tau)$，すなわち投入係数ベクトルとは個なる。$\mathbf{u}(\tau)$ は，生産技術 τ の労働投入係数を国ごとに区別して表記したもの。L の第 τ 行に当たる。

リカード国際価値論の現代的意義と可能性

[定義 3.3]（正則な国際価値）
定理 3.2 が成立する状況において，全域木 T に対応して一義的に定まる正で
認容な国際価値 $\mathbf{v} = (\mathbf{w}, \mathbf{p})$ を T に関する正則な国際価値あるいは T が定義す
る国際価値という。

　ここに「認容な国際価値」とは，T に属するとは限らない任意の生産技術
について，上乗せ率を省略せずに書けば

$\quad (1 + m(i,j))\{w_i\, a_0(\tau) + \langle \mathbf{a}(\tau), \mathbf{p} \rangle\} \geqq p_j,$

あるいは（任意の技術による充実原価）$\geqq$（生産物価格）という不等式が成
立していることを意味している。定理 3.1 の条件（3）が成立することと言っ
てもよい。

　この定義においては，正則な国際価値は，特定の競争パタン T に対し，経
済のもつ生産技術の集合（投入係数行列）と競争関係（上乗せ率）により定
まり，需要や雇用状態にはいっさい関係していない。

　定理 3.2 からは，定義 3.3 の条件を満たす T と正の国際価値 $\mathbf{v} = (\mathbf{w}, \mathbf{p})$ が存
在するかいなかは分からない。存在するとすれば，どのくらいの個数存在す
るかについても，定理 3.2 はほとんど何の情報も与えない。その意味では，
定義 3.3 で正則な国際価値を定義するとしても，定理 3.1 はいぜんとして有
用である。とくに純粋労働投入経済（R0 型リカード経済）の生産可能集合
の極大面が多くの情報を与えてくれる。

4.　新しい国際価値論の優位点 I（賃金率決定と原価比較原理）

　他の国際貿易論との対比において新しい国際価値論が優れている点として
基本的なものは次の三点であろう。
　①各国の賃金率の決定理論を内包している。
　②各財について生産技術ごとの原価を比較している。
　③投入財の自由な貿易取引を想定している。
このうち，③は次節で独立に考察することにし，本節では①および②につい

51

て述べる。

　まず①は，賃金率も価格の一種であり，価値論が諸価格の決定理論である以上，賃金率が決定されるのには当然であると考えることもできる。しかし，現実には，リカード系の貿易理論において，各国間の賃金率の決定問題は，等閑視されてきたという経緯がある。そのため，①を強調する必要が生まれている。この「伝統」はJ.S.ミル以来のものと考えられる。

　新しい国際価値論は，各国の賃金率を決定する論理を内包する理論である。この理論は，標準的想定として，各国の生産技術の集合がそれぞれ異なりうると想定する。そのことから，各国間の大きな賃金率格差の成立と存続とが説明される。この事態を前面に押し立てれば，国際競争とは，賃金率というハンディキャップのある原価競争であることがはっきりする[12]。Faccarello（2017）も，リカードの考えた国際競争は，国内競争とおなじく（貨幣表示の）価格における競争であることを強調している。しかし，このことが競争原理として成立するためには，各国間の賃金率比がどのように定まるかの理論が必要である。リカードは，各国間の賃金率の違いが大きな意義をもつことに気づいていたが，各国間の賃金率比を決める理論を持つことができなかった。そのため，リカードでは，国際価値論は構築されるべき問題として残された。

　各国間の賃金率がいかに決まるかという問題が解決すると，国際貿易における競争関係の考察は，きわめて単純なものとなる。それは②に整理される。貿易論では，J.S.ミル以来，比較優位・絶対優位の議論がなされてきた。スミス＝絶対優位説，リカード＝比較優位説という通説理解が誤りであることはすでに指摘したが，貿易パタンと生産特化が比較優位で考えられなければならないという固定観念が，貿易理論を混乱したものにしてきた側面がある。

　マルクスが国際価値論の構築に手を付けられなかったのも，各国間の賃金率比を適切に説明する理論をもたなかったことにあると考えられる。日本の

---

[12] この点は，藤本隆宏氏との意見交換に大きな示唆を受けている。Fujimoto-Shiozawa（2011–12），Section 6 をみよ。

52

国際価値論争では，木下悦二が基本的には正しい規定を与えていたが（木下2003），十分な定式に達していたとはいえない。この欠落から A. Emmanuel のような不等価交換論が生まれた。それは現在においても開発経済学における（新）従属理論の発想の一源泉となっているが，国際価値論による修正を要する。

　各国の賃金率を確定することができるという立場に立てば，比較優位の判断は生産費（充実原価）の大小比較により行なうことができる。このような比較に名前をつけるなら，それは比較優位でも絶対優位でもなく，生産費による比較ということになろう。じゅうらい比較優位と比較生産費とは同義に使われてきたが，各国の賃金率の確定をも考慮したうえでなら，このような比較による競争パタンの考察は，比較生産費説と呼ぶのがよいであろう。

5. 新しい国際価値論の優位点 II（投入財貿易）

　新しい国際価値論は，前節冒頭の①②③のような特性を持っている。しかし，①と②は国際価値論がほんらいもつべき特性であって，それらを特筆しなければならないのは，従来の思考慣習に問題があったと考えるべきであろう。これに対し，③は新しい国際価値論が現代の課題に応えるべき貿易理論であることを示している。

　この点を考えるために，これも学部教育レベルの通説的理解からはじめよう。それは貿易理論の4つの世代という説明である（たとえば，清田 2016，第1章5; Inomata 2017 pp. 15–17）。

第1世代	リカード理論	比較優位説	リカード	1817
第2世代	HOS 理論	要素比率理論	オリーン	1933
第3世代	新貿易理論	産業内貿易	クルーグマン	1979
第4世代	新々貿易理論	異質企業	メリッツ	2003

　説明するまでもないであろう。第2列は理論の通称，第3列は新理論が導

入した新しい観点，第4列は新理論の代表的理論家，第5列が理論の登場した大まかな年代である。年代には，有名となった最初の本ないし論文の発行年をもちいた。

さて，この世代表と国際経済の現在の状況とを重ね合わせてみるとき，第5世代としてなにが必要と考えられるだろうか。理論であれ，実証であれ，あるいは歴史であれ，これは国際経済を研究するすべての経済学者が問いかけるべき問題であろう。

新世代出現の説明には，二つの対極的な類型がある。第一は，新理論が出たから，こういう現象が説明できるようになったという説明（例，田中2015），第二は，こういう現象が注目されるようになり，それに取り組む新しい理論が出現したという説明（例：Rajan and Raychaudhuri 2015）である。

第一の類型に立つと，4つの世代によって，貿易理論は大いに進展してきたかに思える。しかし，4つの世代のすべての理論において明らかに欠けている事実（理論により説明できない事実あるいは仮定として排除してしまっている事実）がある。それは，グローバル化の進展によって構築された世界供給連鎖（global supply chains，以下 GSCs）ないし商品連鎖（global commodity chains）およびその価値表現である国際価値連鎖（global value chains，以下 GVCs）のめざましい増大であろう（石田 2011）。この現象を説明することなく，現在の経済のグローバル化を理解することはむずかしい。しかし，4つの世代のどれをとっても，GSCs や GVCs を説明している理論とはいえない。

GSCs は，部品や原材料などの世界的ネットワークの形成であり，投入財の貿易に支えられている。しかし，新々貿易理論をのぞいて，投入財の貿易は仮定により排除されている。新々貿易理論は，一般均衡理論を背景としており，その意味では投入財の貿易が考慮されているともいえるが，そのモデルは基本的に一国の開放経済モデルであり，自国と世界の他の地域との貿易が考えられているにすぎない（Melitz 2003）。世界最適調達により国内生産をおこなう企業が考えられるが，生産拠点を海外に移転させる行動や，その結果として国際的に成立する価格や賃金率が変化することは考えられていな

54

リカード国際価値論の現代的意義と可能性

い。McKenzie（1954）も Jones（1961）も，かれらのいう中間財貿易を理論化することの重要性には気づいていたが，そのような理論を構築することはできなかった。

工程の分断化の原理を示したとされる Jones and Kierzkowski（1990, 2001）や Jones（2000）はどうだろうか。これらの論文で Jones たちはサービス・リンクという概念を導入し，その費用低下が工程のフラグメンテーションと垂直貿易をもたらすことを示した。それらはグローバリゼーションの一契機に対する重要な貢献であったが，一般的貿易理論と呼びうるほどの枠組みをもっていない。所与の価格における少数の生産方法間の選択の説明にすぎない[13]。一般均衡理論そのものによる GSCs 理解にも限界がある。GSCs は，国際的な生産特化のネットワークであり，一般均衡理論ではつうじょう除外されるコーナー解である[14]。

貿易理論の 4 世代は，貿易理論がいかにも進歩・発展してきたかの印象を生み出すが，従来の貿易理論はその変種・派生理論を含めて投入財貿易を一般的な枠組みであつかう理論を生み出せていない。これに対し，新しい国際価値論は，各企業が生産技術と調達先とを同時決定的に選択する世界最適調達を行なうとき成立すべき国際価値の存在とその一義性とを示している。詳しく記述する余裕はないが，新しい国際価値論は GVCs の分析枠組みとして，Inomata（2017）にいう「新々々貿易理論」たる資格を備えている[15]。

6. 開かれた可能性

新しい国際価値論は，当初，正則な国際価値の定義を生産可能集合の極大

---

[13] Antràs and Helpman（2004）は，2 国連続財のモデルに中間投入を導入しているが，生産者のタイプが特定され，2 国の賃金率も所与とされており，中間財貿易の特殊なタイプについての考察にすぎない。

[14] 国際貿易理論に一般均衡理論を適用する問題点については，大会への報告論文の第 10 節「リカード国際価値論と一般均衡理論」を参照せよ。

[15] 大会報告論文では，第 8 節「国際付加価値貿易と世界最適調達」において詳しく論じた。

境界の正則領域（ファセットの内部領域）において定義された。そのため，それが極大境界においてのみ成立する価値論であるかに誤解を受けた。その誤解は，古典派価値論が価値と数量との基本的独立を根本とすることを忘れ，価格と数量の同時決定を主旨とする一般均衡理論と同様のものと考えたことによる。

定理3.2は，正則な国際価値が生産可能集合に極大境界に依拠することなく定義できることを示した（定義3.3）。全域木 T が定義する国際価値は一般に一義的に定まる。このような生産技術 T に属する生産技術のみによって，ある再生産体系（拡大再生産体系でもよい）が維持されるなら，最終需要が変化しても，国際価値は変化しない。変化するのは，それら生産技術たちによって生産が困難となる場合（たとえば，労働力が逼迫するとか，ある財の生産容量を超える需要の流れがあるとか）にかぎられる。そのかぎりで企業には製品価格を変化させる要因はない。各企業の製品原価は一定であり，他の生産技術に乗り換えるには原価上昇を覚悟しなければならない。したがって，もし各国の賃金率が不変ならば，国際価値は，変化しない。この意味で，正則な国際価値には安定性がある。

価値と数量とが基本的に独立であるとは，労働力が逼迫するとか，ある財の生産容量を超える需要があるとかしないかぎり，賃金率と価格が変化することなく，数量が調節されることを意味する。ここでこの調整過程がいかに起こるかについては，詳説しない。簡単には塩沢（2017a，第10～12節）を参照されたい。

以上を前提とするとき，世界最終需要の大きさが各国各財の生産量と各国の労働量を決定することがわかる。このとき，世界最終需要がじゅうぶん大きければ，雇用は完全雇用に近づくが，小さいときには非自発的な失業が発生する。新しい国際価値論は，ケインズ型の非自発的失業の発生を理論的に分析できる構造を持っている[16]。

塩沢（2014），Shiozawa（2017a）では，各国に所与の生産技術の集合があ

---

[16] 塩沢（2017c）ではこの問題を主題的に論じている。

56

るというところから議論を起こしている。しかし，それは技術が固定的で不変であるという考えに立つものではない。生産技術の集合が変われば，選択される技術も国際価値も変わってくる。新しい国際価値論は，技術選択の論理を内包する理論であり，新しい技術や改善などによる生産性の上昇を生産技術の変化（多くは新技術の付加）という形で扱いうる。新しい国際価値論は，生産技術を典型的には企業水準で捉えるべきものと考えており，そのもとにおいて生産性の向上や新技術の導入が国際価値にいかに関係するか考察できる理論構造になっている。リカード自身は，技術進歩の可能性を（有名な機械章をのぞいて）ほとんど考察していないが，現代のリカード理論は，各国・各企業に異なる生産技術が存在するというだけでなく，それらの進歩・向上をも視野に入れたものである。板木（1988）が「新技術理論」として注目したDosiらの分析がDosi, Pavitt and Soete（1990）以降の成果を生んでいないのは，それにふさわしい国際価値論を欠いていたためであろう。

7. まとめ

リカード貿易理論は，教科書にしばしば紹介されているものとちがって，現在では原材料や部品を投入し，機械設備を使用する現代的生産技術を用いるリカード・スラッファ貿易経済に関する新しい国際価値論として発展している。それは，多くの特徴と展開可能性とをもつが，国際貿易の現状との関連でいえば，最低限以下の3点を踏まえるべきであろう。

（1）リカード貿易理論は，多数国多数財で投入財が自由に貿易されるという状況設定のもとに，古典派価値論の延長として構築されている。それは，原材料・部品等の国際的ネットワークを通して国際価値連鎖（グローバル・バリュー・チェーン，GVCs）がいかに形成されるかの分析枠組みとなっており，その意味において現代のグローバル化された世界経済の基礎理論である。

（2）正則な国際価値は，世界の最終需要が生産可能集合の極大境界（frontier）の正則領域（ファセットの内部）にあるとき，世界各国に完全雇用の実現を許す唯一の国際価値であるが，その意義は，完全雇用状態における賃金率・

価格体系であるというに止まらない。価値と数量の独立という基本原理により、それは多くの国に非自発的失業（ケインズ的失業）が生ずる場合の分析理論にもなっている。

(3) 国際的生産特化の理論として、リカード貿易理論は、一般均衡理論の不得手なコーナー解の骨格を分析する理論となっている。合理的経済主体を想定しなければならない一般均衡理論に対して、新しい国際価値論は一般均衡理論に代わる代替的枠組みを提出している。

参考文献

池間誠 (1993),「国際生産特化パタンの確定—多数国多数財ケース」『一橋論叢』110: 873–894.

石田修 (2011),『グローバリゼーションと貿易構造』文眞堂.

板木雅彦 (1988),「リカード貿易論を中心とする諸理論の再検討」『經濟論叢』142(4): 454–471.

佐藤秀夫 (1994),『国際分業＝国際貿易の基本論理』創風社.

塩沢由典 (2007),「リカード貿易理論の新構成—国際価値論によせて II」『経済学雑誌』107(4): 1–61.

塩沢由典 (2014),『リカード貿易問題の最終解決』岩波書店.

塩沢由典 (2017a),「現代資本主義分析のための原理論」「宇野理論を現代にどう活かすか」Newsletter, 第 2 期第 20 号. http://www.unotheory.org/news_II_20

塩沢由典 (2017b),「生産可能集合に頼らない国際価値論」国際価値論研究会 (2017 年 9 月 8 日, 専修大学) 報告論文.

塩沢由典 (2017c),「ケインズ的数量調節過程を支える古典派価値論」ケインズ学会 (2017 年 12 月 3 日, 中央大学) 報告論文.

高増明 (1991),『ネオ・リカーディアンの貿易理論—原理と議題』晃洋書房.

竹永進 (2000),『リカード経済学研究：価値と貨幣の理論』御茶の水書房.

田中鮎夢 (2015),『新々貿易理論とは何か：企業の異質性と 21 世紀の国際経済』ミネルヴァ書房.

谷口和久 (1997),『移行過程の理論と数値実験』啓文社.

田淵太一 (2006),『貿易・貨幣・権力／国際経済学批判』法政大学出版局.

東田啓作 (2005),「中間財と国際生産特化パターン／多数国多数財モデル」石川城太・古沢泰治 (編)『国際貿易理論の展開』文眞堂, 第 17 章, pp. 289–602.

宮崎義一 (1967),『近代経済学の史的展開』有斐閣.

リカード国際価値論の現代的意義と可能性

森嶋通夫（1974），『マルクスの経済学』高須賀義博訳，東洋経済新報社．『森嶋通夫著作集7』岩波書店，2004．

森岡真史（2005），『数量調整の経済理論—品切回避行動の動学分析』日本経済評論社．

行澤健三（1974），「リカードウ「比較生産費説」の原型理解と変型理解」『商学論纂』（中央大学）15(6): 25–51．森田桐郎（編）『国際貿易の古典理論』同文館，1988所収。第II部第2章，pp. 111–136．

Antràs, P. and E. Helpman (2004), Global Sourcing, *Journal of Political Economy*, 112(3), 552–580.

Depoortère, Ch. and J.T. Ravix (2015), The Classical Theory of International Trade after Sraffa, *Cahiers d'Economie Politique* 69: 203–234.

Dornbusch, R., S. Fisher and P. Samuelson (1977), Comparative Advantage, Trade and Payments in a Ricardian Model with a Continuum of Goods, *American Economic Review* 67(5): 823–839.

Dosi, G., K. Pavitt and L. Soete (1990), *The Economics of Technical Change and International Trade*. New York, New York University Press.

Eaton, J. and S. Kortum (2002), Technology, Geography, and Trade, *Econometrica* 70(5): 1741–1779.

Ethier, W.J. (1999), Profile: Jones and Trade Theory, *Review of International Economics* 7(4): 764–768.

Faccarello, G. (2017), A Calm Investigation into Mr. Ricardo's Principles of International Trade. Senga et al. (eds.) *Ricardo and International Trade*, London and New York: Routledge.

Fujimoto, T. and Y. Shiozawa (2011–12), Inter and Intra Company Competition in the Age of Global Competition: A Micro and Macro Interpretation of the Ricardian Trade Theory, *Evolutionary and Institutional Economics Review* 8(1): 1–37, 8(2): 193–231.

Graham, F.D. (1948), *The Theory of International Values*, Princeton, Princeton University Press.

Grubel, H.G. and P.J. Lloyd (1975), *Intra-Industry Trade: The Theory and Measurement of International Trade and Differentiated Products*. New York, John Wiley.

Haberler, G. (1936), *Theory of International Trade*, William Hodge.

Inomata, S. (2017), Analytical Frameworks for Global Value Chains: An Overview. In WTO (2017), Chapter 1, pp. 15–35.

Jones, R.W. (1961), Comparative Advantage and the Theory of Tariffs: A Multi-Country, Multi-Commodity Model, *Review of Economic Studies* 28(3): 161–175.

Jones, R.W. (2000), *Globalization and the Theory of Input Trade*. Cambridge: MA, MIT Press.

Jones, R.W. and H. Kierzkowski (1990), The Role of Services in Production and International Trade: A theoretical framework. In R.W. Jones and A.O. Krueger (eds.) *The Political Economy of International Trade*, Oxford: Basil Blackwell.

Jones, R.W. and H. Kierzkowski (2001), A Framework for Fragmentation. In S.W. Arndt and H.

59

Kierzkowski (eds.) *Fragmentation, New Production Patterns in the World Economy*. Oxford, Oxford University Press.

Lee, F.S. (1998), *Post Keynesian Price Theory*. Cambridge, Cambridge University Press.

Mainwaring, L. (1984), *Value and Distribution in Capitalist Economies: An Introduction to Sraffian Economics*, Cambridge: Cambridge University Press.

Maneschi, A. (2004), The True Meaning of David Ricardo's Four Magic Numbers. *Journal of International Economics* 62: 433–443.

McKenzie, L. (1953), Specialization and Efficiency in World Production, *Review of Economics Studies* 21(56): 165–180.

McKenzie, L. (1954), On Equilibrium in Graham's Model of World Trade and Other Competitive Systems, *Econometrica* 22(2): 148–161.

McKenzie, L. (1956), Specialization in Production and the Production Possibility Locus, *Review of Economics Studies* 23(63): 56–64.

Melitz, M.J. (2003), The Impact of Trade on Intra-Industry Reallocations and Aggregate Industry Productivity, *Econometrica* 71(6): 1695–1725.

Mill, J.S. (1944), *Essays on Some Unsettled Questions of Political Economy*. http://www.econlib. org/library/Mill/mlUQP.html

Mill, J.S. (1848), *The Principles of Political Economy with some of their Applications to Social Philosophy*. http://www.econlib.org/library/Mill/mlP.html

Minabe, N. (1995), *Production and International Trade*. Osaka, Otemon Gakuin University.

Oka, T. (2017), The Relation between Value and Demand in the New Theory of International Values, Shiozawa, Oka and Tabuchi (2017) Chap. 3, pp. 99–121.

Ranjan, P. and J. Raychaudhuri (2015), The "New-New" Trade Theory: A Review of the Literature. *International Trade and International Finance*, Springer, India, pp. 3–21.

Ricardo, D. (1817; 1821), *On the Principles of Political Economy and Taxation*. Reprinted in Sraffa (ed.) The Works and Correspondence of David Ricardo, Volume I, Cambridge, Cambridge University Press.

Shiozawa, Y. (1975), Durable Capital Goods and their Valuation, KIER Discussion Paper No. 91. Available at https://www.researchgate.net/publication/236880284_Durable_Capital_Goods_ and_Their_Valuation

Shiozawa, Y. (2016), The Revival of Classical Theory of Values. Chapter 7, pp. 151–172 in Yokokawa et al. (eds.) *The Rejuvenation of Political Economy*, Abingdon, Oxon; Routledge.

Shiozawa, Y. (2017a), The New Theory of International Values: An Overview. Shiozawa, Oka and Tabuchi (eds.) Chap. 1, pp. 3–73.

Shiozawa, Y. (2017b), An Origin of the Neoclassical Revolusion: Mill's "Reversion" and its Consequences. Shiozawa, Oka and Tabuchi (eds.) Chap. 7, pp. 191–243.

Shiozawa, Y., T. Oka and T. Tabuchi (eds.) (Eds.) *A New Construction of Ricardian Theory of*

International Values, Singapore, Springer Nature.

Sraffa, P. (1960), *The Production of Commodities by Means of Commodities—Prelude to a Critique of Economic Theory*, Cambridge, Cambridge University Press.

Steedman, I. (ed.) (1979), *Fundamental Issues in Trade Theory*, London: Macmillan.

Viner, J. (1937), *Studies in the Theory of International Trade*, New York, Haper. http://www.econlib.org/library/NPDBooks/Viner/vnSTT.html

von Neumann, J. (1945–46), A Model of General Economic Equilibrium, *Review of Economic Studies* 13(1): 73–83.

WTO et al. (2017), Measuring and Analyzing the Impact of GVCs on Economic Development, *Global Value Chain Development Report* 2017. https://www.wto.org/english/res_e/booksp_e/gvcs_report_2017.pdf

Summary

Actual Significance and Possibilities of the Ricardian Theory of International Values

Yoshinori Shiozawa (Emeritus, Osaka City University)

Ricardian trade theory has accumulated many misunderstandings. The situation changed much recently due to the new interpretation of "four magic numbers" and the arrival of a new theory of international values. The new theory of international values, which stands on Ricardian tradition, is constructed on a very wide assumption that firms freely trade input goods across countries in a world of many countries and many commodities. In contrast to four generations of mainstream trade theories (including textbook Ricardian trade theory), the new theory can analyze the emergence of global value chains and thus provides a framework of the globalized economy.

◇コメント◇

九州大学大学院経済学研究院　石田　　修

　従来のリカードモデルでは，2国2財1要素モデルや2国多数財モデルな
どモデルにバリエーションがある。その中で，塩沢モデルは，多数国・多数
財モデルとして，国際的な投入産出構造の全体像を明らかにしたという特徴
がある。このような，国と財の数の相違とともに，限界理論を基礎とした（リ
カード・モデルも限界的思考とは異なるモデルもあり，その点について田淵
報告で詳しく論じている）完全競争モデルと比較すると次のような相違（表
1）がある。

　リカード・モデルでは，労働経済では国の相違（国内の各産業の相対能率
の相違）により，比較優位・完全特化が明らかになる。また，価格を導入す
ると，比較優位が成立する為替レートが明らかとなる。さらに，各国ごとの
労働市場により賃金率が決定され，為替レート換算により賃金率の国際比較
が比較可能となる。それに対して，塩沢モデルの特徴は，世界経済を所与の
技術体系のネットワークとして捉え，価格体系と数量体系とは独立したもの
と考える。そして，固定資本はなく，投入財に焦点をあてるなかで，国際間
の賃金率格差は世界市場の技術体系により決定される。したがって，生産規
模の変化や生産要素の割合の変化という限界的手法には全く依存しない。重
要なのは，現行の技術である。この点で，要素の限界生産物あるいは生産物
の限界費用に依拠する限界理論とは異なる。くわえて，特化・賃金率・財価
格は同時決定である。モデル内部に暗黙の為替レートが想定され，賃金率を
国際通貨に換算し，各国賃金率を直接比較することで，各財のフルコストの
比較が行われることで特化決定がなされる。

　さらに，不完全競争モデルと塩沢モデルとを対比してみよう。まず，固定
費を考察したフラグメンテーションと塩沢モデルを比較したい。フラグメン
テーションでは，一定の生産規模を超えると，可変費用の小さい海外が有利
になる。さらに，サービスリンクコストが低下して，可変費用が絶対的に小

表1 2つのモデルの相違

	リカードモデル（2国2財モデル）	塩沢モデル（多数国多数財モデル）
技術体系	各国孤立した技術体系間のダイアッドな関係	世界経済全体の技術体系の連鎖としてのネットワーク
市場	国内の精算機構は国際間では異なる	国内市場と世界市場での精算機構は同質
貿易収支	均衡	不均衡を許容
失業	存在しない	失業を許容
価格と数量	相互依存／同時決定	独立
為替・賃金率	為替レート（各国の通貨価値の相違）⇒ 賃金率の比較	賃金率の各国の格差（＝賃金率比較の暗黙の為替レートは存在）
貿易の利益	・投入係数レベルでは労働節約効果 ・価格・数量の双対体系（限界理論）では無差別曲線上昇	・マークアップ決定による企業利益 ・貿易特化による世界数量体系の変化
制度基盤	フルセット型産業がみられるブレトン・ウッズ体制	GVC が拡大したブレトン・ウッズII

さい国で生産したものが貿易されることになる。この場合，外生的に為替レート換算による絶対的な可変費用の比較が行われている。塩沢モデルでは，モデルの内部で賃金率の国民的相違が決定され，それを基準に各国間の投入産出として貿易構造が明確になる。次に，新々貿易理論と対比させて考察してみよう。同一産業内の企業の異質性という場合，大手の輸出企業に部品を供給している中小企業は，新々貿易理論においては輸出企業ではなく，国内企業である。それに対して，塩沢モデルでは，部品供給している中小企業は，投入産出関係から間接的な輸出企業である。新々貿易理論では，同一産業内企業のダイアッドな取引関係が貿易であるか国内取引であるかが対象となり，完成財が生産されるまでの投入産出は対象ではない。ここに大きなモデルの相違がある。

　塩沢モデルは，貿易構造にとって賃金率の国民経済間の相違の内生的決定が特徴であるばかりではなく，貿易とは国際的な投入産出構造であり，最終財生産の連続性を維持する経済活動であることを提示したことに意義がある。換言すれば，貿易により結びつけられた取引ネットワーク（投入産出）

という視点では，新々貿易モデルは，ネットワークの一部であるダイアッド
な取引を対象としているにすぎず，輸出企業か国内企業かという企業の異質
性に注目する。塩沢モデルでは，財生産のネットワークにおける企業関係・
国際関係を対象とし，貿易取引によるネットワーク構造を分析している。

しかし，新々貿易理論では，企業の貿易活動以外にも，FDIやオフショア・
アウトソーシング行動をも包摂しているという点では，同一産業内の企業活
動の多様性を対象としているという視野の広さがある。それに対して，塩沢
モデルは，同一産業内ではなく，世界全体（すべての産業）の既存企業の技
術条件の差異（異質性）と各国の賃金率格差（異質性）が重要となり，貿易
活動にのみ焦点を当てているものの，すべての産業を対象とするという視野
の広さがある。

最後に，塩沢モデルの世界経済の構造の基本認識についての疑問点を指摘
しておきたい。まず，賃金は，実質は賃金財バスケットであり，他の産業と
の関係で決定されるマクロ概念である（個々の産業の限界生産性ではない）。
また，賃金率は，非貿易財のバスケットも含めて，国内市場の影響が大きい。
塩沢モデルでは，投入要素として費用として扱われている賃金率は，格差と
して国民的性格が表れているが，決定は世界市場である。労働市場は世界労
働市場なのであろうか。次に，賃金率の相違に関しての評価である。国際通
貨換算で比較可能な（為替レートの同時決定による）賃金率格差は，各国の
通貨の比較の指標として賃金率平価と呼べるか。あるいは，国際間の賃金率
格差は何を反映しているのか。各国の労働の異質性なのか，それとも同質で
各国の生産格差を反映しているのか。最後に，貿易収支の不均衡を許容して
いるが，世界市場が統合されていれば問題ないが，それぞれの国民経済のイ
ンバランスを維持するメカニズムは何を想定しているのであろうか。

いずれにしても，国際的な投入産出構造を対象とした貿易理論は，完成財
にいたる付加価値の連鎖としてグローバル・バリューチェーンや，国際間の
技術体系ネットワークを考察する大きな手がかりを与えてくれるものとし
て，評価に値する。

65

共通論題

リカード・マルクス型貿易理論を目指して
―比較優位・劣位と分配―*

立命館大学　板木　雅彦**

要旨

　本稿の課題は，「リカード・マルクス型」と名付けられた新しい貿易理論のフレームワークを提示することにある。これは，固定的技術係数をもつ3部門投入産出型モデルで，労働力と天然資源のみを本源的生産要素とする。従来の貿易論と異なり，資本主義貿易国は一般的に，資本集約的部門に比較優位を持たない限り，貿易によって利潤率を高めることができず，したがって特化を進めることもないことが結論付けられている。

キーワード：リカード，マルクス，比較優位，国際不等労働量交換，所得分配

はじめに

　本稿は，「リカード・マルクス型貿易理論を目指して」と題してこれから執筆される一連の論考の嚆矢をなすものである[1]。その目的は，貿易理論に

---

[1]　本稿は，2017年10月21日に日本大学で開催された日本国際経済学会第76回全国大会共通論題における筆者の報告にもとづいて，板木（2017b）の内容を一部修正したものである。その前提となる国内経済を扱った板木（2017a）を，またこれをさらに展開した板木（2017c）を合わせて参照されたい。

*　上記全国大会共通論題における筆者の報告に対して，関西大学高増明教授から数々の有益なコメントを賜った。ここに記して感謝したい。

**　E-mail: itaki@ir.ritsumei.ac.jp

新しい分析のフレームワークを与えることである[2]。それは，固定的な技術係数からなる投入産出構造をもち，天然資源と労働を本源的生産要素とする物量体系，および価格体系である。このような体系の一つ一つが国民経済を構成し，異なる生産力の水準と所得分配をもった諸国民経済間に比較優位・劣位の構造が形成され，これが外国為替相場を介して結びつくことで，産業構造の変化と国際貿易の動態が生み出されているととらえている。この動態過程は後に，進行する部分特化，行き詰る部分特化，完全特化の可能性という3つの行程に整理され，それぞれに特有な貿易政策・為替政策と関連付けながら，国内分配関係の変化が論じられていくことになる。

　言うまでもないことかもしれないが，もっとも単純なモデルでありながら，不自然な仮定を配することなく，できる限り現実的なモデルを構築することに心掛けた。そのため，技術はゆっくりとしか発展せず，当面は固定的な投入産出係数が支配すると仮定した。産業構造もまた，たとえ輸入圧力にさらされてもゆっくりとしか変化できず，当面は部分特化が支配すると仮定した。国民経済を統括する国家は資本主義的で，利潤率の上昇が見込まれない限り，新たな貿易関係には参加しないと仮定した。労働者階級の実質賃金率には社会的な下限が存在し，その切り下げには強い社会的抵抗があると仮定した。そして最後に，資本主義は歴史上つねに外国貿易とともにあり，アウタルキーから貿易が開始されるという仮定は，一種の「創世記神話」であると考えて，排除した。

　この貿易モデルから，いくつか特徴的な命題が導かれる。その一つが，「比較優位部門に特化することで，その国は貿易上の利益を得ることができる」という通説に対する批判である。このモデルの結論を一言で言い表せば，「資本主義貿易国は一般的に，資本集約的部門に比較優位を持たない限り，貿易

---

[2] 近年，リカード貿易論研究と，その発展であるリカード・スラッファ型貿易論の研究において，塩沢（2014）が大きな足跡を残した。本稿ならびに板木（2017a, b, c）は，その成果をさらに発展させようとする試みである。なお，塩沢モデルと本稿で展開されるモデルとの違いは，（2017a）第1節を参照のこと。

を通じて利潤率を上昇させることができず，したがって産業の特化を推し進めることはない」というものである。この2つの命題の違いは，深刻である。もし，発展途上国が労働集約的部門に比較優位を持ち，それを輸出部門として特化を進めれば，利潤率は低下していく。また，産業構造の似通った先進国間では，貿易摩擦の発生が常態化する。あるいは逆に，先進国の労働集約的部門が発展途上国にとって資本集約的部門であれば，貿易と特化の推進によって，ともに利潤率を上昇させることができる。これら系論は，いずれもリカード貿易論，マルクス貿易論[3]，ヘクシャー・オリーン貿易論，ネオ・リカード派貿易論[4] の結論に反するか，あるいはその前提に反するものである。したがって，もし，本稿で提起されるリカード・マルクス型貿易理論が妥当なものであれば，貿易の本質理解，貿易政策，途上国開発論に対して，大きな変更を迫るものとなろう。

1. リカード型貿易モデル

1.1 モデルの構築

板木（2017a）で検討したように，3部門投入産出型経済モデルを考え，第1国と第2国の国内における労働投入産出関係を表す6式を作成する。第1，2部門は，互いに投入産出関係にある生産手段生産部門，第3部門は消費手段生産部門としよう。ただし，生産手段は流動的生産手段のみを考え，固定的生産手段は捨象する。

$$L_{11} = a_{11}L_{11} + b_{11}L_{12} + l_{11}$$
$$L_{12} = a_{12}L_{11} + b_{12}L_{12} + l_{12}$$
$$L_{13} = a_{13}L_{11} + b_{13}L_{12} + l_{13}$$

---

[3] 「貿易によって一方では不変資本の諸要素が安くなり，他方では可変資本が転換される必要生活手段が安くなるかぎりでは，貿易は利潤率を高くする作用をする。というのは，それは剰余価値率を高くし不変資本の価値を低くするからである。貿易は一般にこのような意味で作用する。」（マルクス，1965–1967，S.247，第3巻297ページ）

[4] Steedman（1979），Mainwaring（1991），高増（1991）を参照。

$$L_{21} = a_{21}L_{21} + b_{21}L_{22} + l_{21}$$
$$L_{22} = a_{22}L_{21} + b_{22}L_{22} + l_{22}$$
$$L_{23} = a_{23}L_{21} + b_{23}L_{22} + l_{23}$$

L_{11}：第1国第1部門の1単位の生産に必要な総労働投入量
  L_{12}, L_{13} も同様

l_{11}：第1国第1部門の1単位の生産に必要な直接的労働投入量
  l_{12}, l_{13} も同様

a_{11}：第1国第1部門の1単位の生産に必要な第1部門生産手段の量
  a_{12}, a_{13} も同様

b_{11}：第1国第1部門の1単位の生産に必要な第2部門生産手段の量
  b_{12}, b_{13} も同様

以上，第2国に関しても同様とする。

　これを単純化して，第1部門，第2部門，第3部門をそれぞれ「部品産業」「組立産業」「消費手段産業」——あるいは，「部品部門」「機械部門」「消費手段部門」——とする。すなわち，第1部門は，部品を第2部門にのみ投入して，自部門と第3部門には投入しない，第2部門は，部品を組み立てて製造した機械を第1，第3両部門に投入して，自部門には投入しない。ここから，次の6式が得られる。

$$L_{11} = b_{11}L_{12} + l_{11}$$
$$L_{12} = a_{12}L_{11} + l_{12}$$
$$L_{13} = b_{13}L_{12} + l_{13}$$

$$L_{21} = b_{21}L_{22} + l_{21}$$
$$L_{22} = a_{22}L_{21} + l_{22}$$
$$L_{23} = b_{23}L_{22} + l_{23}$$

これを解くと，次の6式が得られる。

$$L_{11} = \frac{b_{11}l_{12} + l_{11}}{1 - a_{12}b_{11}}$$

$$L_{12} = \frac{a_{12}l_{11} + l_{12}}{1 - a_{12}b_{11}}$$

$$L_{13} = b_{13}(\frac{a_{12}l_{11} + l_{12}}{1 - a_{12}b_{11}}) + l_{13}$$

$$L_{21} = \frac{b_{21}l_{22} + l_{21}}{1 - a_{22}b_{21}}$$

$$L_{22} = \frac{a_{22}l_{21} + l_{22}}{1 - a_{22}b_{21}}$$

$$L_{23} = b_{23}(\frac{a_{22}l_{21} + l_{22}}{1 - a_{22}b_{21}}) + l_{23}$$

第1国の $0 < 1 - a_{12}b_{11}$, および第2国の $0 < 1 - a_{22}b_{21}$ によって, 部品と機械それぞれ1単位の生産には, 部品と機械がそれぞれ1単位以上投入されてはならないという生産性の必要条件が示されている[5]。

1.2 リカードの比較優位・劣位構造

リカードの有名な「4つのマジック・ナンバー」が登場する箇所は, 以下の通りである。

「イギリスは, 服地を生産するのに1年間100人の労働を要し, またもしもブドウ酒を醸造しようと試みるなら同一時間に120人の労働を要するかもしれない, そういった事情のもとにあるとしよう。それゆえに, イギリスは, ブドウ酒を輸入し, それを服地の輸出によって購買するのがその利益であることを知るであろう。ポルトガルでブドウ酒を醸造するには, 1年間80人の労働を要するにすぎず, また同国で服地を生産するには, 同一時間に90

---

[5] ホーキンズ＝サイモンの条件 (Hawkins and Simon, 1949), あるいはソローの条件に相当するものである。

人の労働を要するかもしれない。それゆえに，その国にとっては服地とひきかえにブドウ酒を輸出するのが有利であろう。この交換は，ポルトガルによって輸入される商品が，そこではイギリスにおけるよりも少ない労働を用いて生産されうるにもかかわらず，なおおこなわれうるであろう。」（Ricardo〔1817〕（1972），157ページ）[6]

　この箇所は，後に「変型理解」と名付けられることになる，誤った解釈を生むことになる。その点は，板木（2017c）で「前提としての外国貿易」を論ずる際に取り上げることにして，ここでは通説的な理解に従って，この4つの数字に込められた二重の意味での生産力の不均等発展について整理しておきたい。

　リカード貿易論の特徴は，諸産業の労働生産性の相対的格差が国によって異なることから発生する，いわば一種の「ねじれ」によって比較優位・劣位の構造が発生する，と主張する点にある。これをわたしたちの3部門モデルにそくして示すと，次のようになる。第1国と第2国の，産業間の労働生産性の相対的格差をそれぞれ示してみよう。

① 第1国における第1部門と第3部門の労働生産性格差（第1部門／第3部門）

$$\frac{L_{11}}{L_{13}} = \frac{\dfrac{b_{11}l_{12}+l_{11}}{1-a_{12}b_{11}}}{b_{13}\left(\dfrac{a_{12}l_{11}+l_{12}}{1-a_{12}b_{11}}\right)+l_{13}}$$

$$\frac{L_{11}}{L_{13}} = \frac{b_{11}l_{12}+l_{11}}{b_{13}\left(a_{12}l_{11}+l_{12}\right)+l_{13}(1-a_{12}b_{11})}$$

② 第1国における第2部門と第3部門の労働生産性格差（第2部門／第3部門）

---

[6] 板木（2017c）で詳述するように，この部分の正確な訳出を期するために，堀経夫訳（1972）を掲載している。

$$\frac{L_{12}}{L_{13}} = \frac{a_{12}l_{11} + l_{12}}{b_{13}(a_{12}l_{11} + l_{12}) + l_{13}(1 - a_{12}b_{11})}$$

③ 第1国における第1部門と第2部門の労働生産性格差（第1部門／第2部門）

$$\frac{L_{11}}{L_{12}} = \frac{b_{11}l_{12} + l_{11}}{a_{12}l_{11} + l_{12}}$$

④ 第2国における第1部門と第3部門の労働生産性格差（第1部門／第3部門）

$$\frac{L_{21}}{L_{23}} = \frac{b_{21}l_{22} + l_{21}}{b_{23}(a_{22}l_{21} + l_{22}) + l_{23}(1 - a_{22}b_{21})}$$

⑤ 第2国における第2部門と第3部門の労働生産性格差（第2部門／第3部門）

$$\frac{L_{22}}{L_{23}} = \frac{a_{22}l_{21} + l_{22}}{b_{23}(a_{22}l_{21} + l_{22}) + l_{23}(1 - a_{22}b_{21})}$$

⑥ 第2国における第1部門と第2部門の労働生産性格差（第1部門／第2部門）

$$\frac{L_{21}}{L_{22}} = \frac{b_{21}l_{22} + l_{21}}{a_{22}l_{21} + l_{22}}$$

　以上をもとに，両国の第3部門を基準として，第1国第1部門が比較優位，第2国第1部門が比較劣位（第1国第3部門が比較劣位，第2国第3部門が比較優位）となる条件は，次のように示される。

$$\frac{L_{11}}{L_{13}} < \frac{L_{21}}{L_{23}}$$

$$\frac{b_{11}l_{12}+l_{11}}{b_{13}\left(a_{12}l_{11}+l_{12}\right)+l_{13}\left(1-a_{12}b_{11}\right)}<\frac{b_{21}l_{22}+l_{21}}{b_{23}\left(a_{22}l_{21}+l_{22}\right)+l_{23}\left(1-a_{22}b_{21}\right)}$$

つぎに，両国の第3部門を基準として，第1国第2部門が比較優位，第2国第2部門が比較劣位（第1国第3部門が比較劣位，第2国第3部門が比較優位）となる条件は，次のように示される。

$$\frac{L_{12}}{L_{13}}<\frac{L_{22}}{L_{23}}$$

$$\frac{a_{12}l_{11}+l_{12}}{b_{13}\left(a_{12}l_{11}+l_{12}\right)+l_{13}\left(1-a_{12}b_{11}\right)}<\frac{a_{22}l_{21}+l_{22}}{b_{23}\left(a_{22}l_{21}+l_{22}\right)+l_{23}\left(1-a_{22}b_{21}\right)}$$

最後に，両国の第2部門を基準として，第1国第1部門が比較優位，第2国第1部門が比較劣位（第1国第2部門が比較劣位，第2国第2部門が比較優位）となる条件は，次のように示される。

$$\frac{L_{11}}{L_{12}}<\frac{L_{21}}{L_{22}}$$

$$\frac{b_{11}l_{12}+l_{11}}{a_{12}l_{11}+l_{12}}<\frac{b_{21}l_{22}+l_{21}}{a_{22}l_{21}+l_{22}}$$

1.3 リカード比較生産費説の解釈とそこからの示唆

労働価値論から生産価格論を十分展開することのできなかったリカードは，労働量体系（L_{11}, L_{12}, L_{13}, L_{21}, L_{22}, L_{23}）にもとづいて，いわゆる比較生産費説を打ち立てた。このことにかかわって，2つの問題を検討しておこう。第一に，はたしてリカードは，生産手段（b_{11}, a_{12}, b_{13}, b_{21}, a_{22}, b_{23}）の存在と，その生産手段の投入産出関係を無視して，直接的労働量（l_{11}, l_{12}, l_{13}, l_{21}, l_{22}, l_{23}）だけで比較生産費説を展開したのだろうか。したがって第二に，利潤（資本レンタル料）の存在を無視したのだろうか。

リカードの労働価値体系において生産手段は，投入産出関係を通じて，その生産に必要とされた労働量（$b_{11}L_{12}$, $a_{12}L_{11}$, $b_{13}L_{12}$, $b_{21}L_{22}$, $a_{22}L_{21}$, $b_{23}L_{22}$）に還元

されている。そして、そこに直接的労働量 $(l_{11}, l_{12}, l_{13}, l_{21}, l_{22}, l_{23})$ が付加されて、総労働量 $(L_{11}, L_{12}, L_{13}, L_{21}, L_{22}, L_{23})$ が計算される。リカードの比較生産費説は、このようにして求められた総労働量にもとづいて展開されている。したがって、生産手段の存在と、その生産手段の投入産出関係が無視されていたわけではない[7]。リカードにおいては、価格が労働価値にほぼ一致すると考えられているから、利潤を導入しても両者は大きく乖離せずに一致する[8]。したがって、利潤を無視して賃金だけで比較生産費説が構成されているわけではない[9]。

---

[7] 「なんらかの武器がなくては、ビーヴァーも鹿も仕止めることができないだろう。それゆえ、これらの動物の価値は、ただそれらを仕止めるのに必要な時間と労働とによってだけではなく、狩猟者の資本、つまりそれらを仕止める際に援用される武器をつくるのに必要な時間と労働とによっても規定されるだろう。」(Ricardo〔1817〕(1987) 33 ページ)

「社会の職業〔の範囲〕がひろがって、ある者が漁獲に必要な丸木舟や漁具を供給し、他の者が種子や、農業で最初に使用された粗末な機械を供給すると仮定しても、同じ原理が依然として妥当するだろう。すなわち、生産された商品の交換価値は、その生産に投下される労働に比例するのであり、つまり、その商品の直接の生産に投下される労働だけではなく、労働を実行するのに必要なすべての器具や機械—これらの器具や機械はその特定の労働にあてがわれるのだが—に投下される労働にも比例するだろう。」(同上、34 ページ)

以上二つの言及は、第 1 章「価値について」におけるものであるが、この労働量と交換価値に関するリカードの考え方は、第 7 章「外国貿易について」を含むすべての章に共通している。したがって、「イギリスは、毛織物〔服地〕を生産するのに 1 年間に 100 人の労働を要し」(同上、191 ページ) 云々の有名な第 7 章だけ、ビーヴァーを素手で仕留める時代に逆戻りしたとは考えにくい。

[8] 学説史上よく知られているように、賃金上昇—より一般的には、分配関係の変化—が諸商品の価格にもたらす「奇妙な効果 curious effect」について、リカードは十分に感知していた。しかし、この重要な認識から出発して価格論を展開することはできなかったし、ましてやその応用として貿易論を展開することはできなかった。このような学説史上の経緯については、Sraffa (1951, p. xxxv)、および板木 (1988, 146 ページ) を参照のこと。

[9] 板木 (2017a) の中の「利潤の存在しない非資本主義経済」の検討から示唆されたように、たしかに、賃金だけが存在する社会では、生産手段を考慮に入れても、価格関係が労働量にもとづく価値関係に一致する。したがって、生産価格への転形問題 ↗

技術構造（投入産出係数）によって決定されるリカード型比較優位・劣位構造からは，次のような命題が示唆される。第一に，両国間に産業別労働生産性格差の「ねじれ」が存在すれば，生産性の絶対優位・劣位にかかわらず，比較優位・劣位が発生する。言い換えれば，どれほど全般的に労働生産性が劣った国であっても，比較優位を獲得して貿易に参加することができる。第二に，そのような比較優位・劣位の構造がどのようなものになるか，先験的には何も言うことができない。両国間の投入産出係数の組み合わせによっては，あらゆる産業が比較優位産業になる可能性を持っており，また逆に比較劣位産業になる可能性を持っている。たとえて言えば，イギリスが綿紡績業に，インドが綿花生産に特化する理論的必然性はなく，両者が逆転する可能性は大いにあった[10]。

2. リカード・マルクス型貿易モデルの価格体系

　ではこれから，リカード型貿易モデルの基礎の上に，リカード・マルクス型貿易モデルを構築していこう。最初に，価格ニュメレールの検討をふまえて，単純な2国3部門価格体系から分析を開始し，比較優位・劣位構造が成立する条件を導出する。いわば，国際貿易の潜在的可能性が明らかにされる。その後，分析は，さらに単純化された1国3部門モデルにいったん後退する。ここで，比較優位・劣位構造が分配関係へ及ぼす影響が明らかにされる。これまでの貿易論パラダイムが大きく転換され，一般的に資本集約的部門に比較優位を持ち，これを輸出部門とすることが，利潤率上昇にとって決定的に重要であることが論証される。なお，1国3部門モデルに実質為替相場を導

↗を回避することができる。しかし，比較生産費説が非資本主義経済を扱っているといった解釈は，リカードの本意ではなかろう。

[10] そのことは，リカードの設例が見事に示している。当時，産業革命を達成し日の出の勢いであったイギリスが，衰退するポルトガルに対して全面的に労働生産性が劣ると前提されながら，それでもなお工業製品である毛織物（服地）生産に比較優位を獲得している。当時のイギリスとポルトガルの歴史的背景については，岩田勝雄（2014）を参照。

リカード・マルクス型貿易理論を目指して

入し，国際価格成立後の為替相場と分配の関係を分析すること，部分特化から完全特化への変遷過程を分析すること，そして，価格体系に物量体系を結合することで，分配と成長，貿易収支の問題を明らかにすることは，板木（2017c）以降の課題となろう。

2.1 国民価格体系と国際不等労働量交換

2国3部門リカード型貿易モデルに利潤率と実質賃金率を導入し，価格方程式を構築する。以下，板木（2017a）の国内経済と同様に，同一国内では同一利潤率，同一実質賃金率が成立すると前提する。資本主義における賃金は，理論的に前払い賃金でなければならず，したがって利潤率は，生産手段部分だけでなく，賃金に対しても乗じられる。固定資本と地代を捨象し，固定的投入産出係数を仮定する。第1部門は部品部門，第2部門は機械部門，第3部門は消費手段部門として，部品は機械部門にのみ投入されて，自部門には投入されない。機械は部品部門，消費手段部門の両方に投入されるが，自部門には投入されない。なお，両国ともに，第3部門の価格をニュメレールとする。

$$P_{11} = (b_{11}P_{12} + l_{11}w_1)(1 + r_1)$$
$$P_{12} = (a_{12}P_{11} + l_{12}w_1)(1 + r_1)$$
$$1 = (b_{13}P_{12} + l_{13}w_1)(1 + r_1)$$

$$P_{21} = (b_{21}P_{22} + l_{21}w_2)(1 + r_2)$$
$$P_{22} = (a_{22}P_{21} + l_{22}w_2)(1 + r_2)$$
$$1 = (b_{23}P_{22} + l_{23}w_2)(1 + r_2)$$

P_{11}, P_{12}：第1国の部品と機械の価格

P_{21}, P_{22}：第2国の部品と機械の価格

w_1, w_2：第1国と第2国の実質賃金率

77

r_1, r_2：第1国と第2国の利潤率

l_{11}：第1国第1部門の1単位の生産に必要な直接的労働投入量

l_{12}, l_{13} も同様。第2国も同様。

a_{12}, a_{22}：第1国と第2国の，第2部門の1単位の生産に必要な第1部門生産手段の量

b_{11}, b_{21}：第1国と第2国の，第1部門の1単位の生産に必要な第2部門生産手段の量

b_{13}, b_{23}：第1国と第2国の，第3部門の1単位の生産に必要な第2部門生産手段の量

$R_1 = 1 + r_1$　$R_2 = 1 + r_2$　とおくと，上式は次のように書き直すことができる。

$$P_{11} = (b_{11}P_{12} + l_{11}w_1)R_1$$
$$P_{12} = (a_{12}P_{11} + l_{12}w_1)R_1$$
$$1 = (b_{13}P_{12} + l_{13}w_1)R_1$$

$$P_{21} = (b_{21}P_{22} + l_{21}w_2)R_2$$
$$P_{22} = (a_{22}P_{21} + l_{22}w_2)R_2$$
$$1 = (b_{23}P_{22} + l_{23}w_2)R_2$$

ここで，両国における価格ニュメレールの設定，ならびに実質賃金率の比較の問題について検討しておこう。天然資源を基礎としつつ，労働によって商品を生産し，商品によって労働力を生産する再生産体系として経済システムをとらえる観点からは，第3部門の消費手段1単位を価格ニュメレールに設定することが適切である[11]。このことは，先進資本主義国，発展途上国など，国の別を問わない。いま，この消費手段を「穀物」とすれば，労働力再生産の基準となる穀物1単位を，「適切に設定された1生産期間中に，生産過程で使用された労働力1単位を回復するために消費過程で消費される，

[11]　詳しくは，板木（2017a）の「価格ニュメレールについて」を参照のこと。

78

生物的かつ社会的に必要最低限の穀物量」と設定する。そして，この価格を当該国のニュメレールとする。こうすることで，異なる国民経済間において，たとえ穀物1単位の内容が量的あるいは質的に異なっていたとしても，同一の消費手段1単位として比較対照することができる。なぜなら，国毎に穀物の物質的な内容が異なっていても，その経済的な内容――つまり，それぞれの国の労働力1単位を再生産するという機能――は同じであるからである。そして，各国の穀物1単位当たり貨幣価格でそれぞれの名目賃金率を除することによって，貨幣単位が異なっていても，実質賃金率格差を比較・計測することができる。このような意味において，両国の第3部門の価格はともに1と設定され，これを基礎として，w_1 と w_2 は比較可能な数量となる[12]。スラッファの合成標準商品では，実質賃金率を表現することもできず，国際間でこれを比較することもできない（Sraffa, 1960, pp. 21–23.）。

　しかし，これは，いわば「価値尺度」としてのニュメレールに関する話である。たしかに，このように消費手段1単位を設定することによって，異なる国民経済間の実質賃金率格差を計測・比較することはできる。しかし，もし消費手段が貿易される場合には，諸国間で量的あるいは質的に異なる消費手段を，同一の消費手段1単位とみなすことはできない。いわば「交換手段」としてのニュメレールの問題である。消費手段である「穀物」が実際に貿易されるためには，その穀物の量と質が諸国間で一致していなければならない。しかし，これを一致させると今度は，異なる国民経済間の実質賃金率格差を有意義に計測・比較することができなくなる。

---

[12] わかりやすく言えば，穀物を何キロ買えるかによって，実質賃金率を計測するのではなく，必要最小限の穀物3キロを何単位買えるかによって，実質賃金率を計測する。前者で求めたキロ数は，経済的に意味をもたない。しかし，後者の仕方で求めた単位数は，生物的・社会的に購買可能最大労働力数を表している。前者で求めた値が1キロであったとしても，経済的な基礎単位としては意味をもたない。しかし，後者で求めた1という値は，生物的・社会的に再生産ぎりぎりの水準に置かれた労働力を基礎単位として，この経済社会が計測されていることを明確に表現している。だからこそ，w_1 と w_2 を，たんに比率としてだけでなく，2つの絶対値として比較することの意味が生まれる。

このジレンマから逃れる方法は，もっとも単純に，先進国であろうが途上国であろうが，生物的かつ社会的に必要最低限の穀物量が量的・質的に同一であると前提することである。

　本稿も，この方法を採用する。一見したところ，これほど非現実的な前提はないように思われる。しかし，実際の消費手段の構成を考慮すれば，このジレンマを乗り越えることができる。現実の消費手段は，単一かつ同一の穀物に限定されるわけではなく，質的にも量的にも多様なさまざまの財やサービスから構成されている。したがって，多部門産業連関表を用いて，労働力生産部門（家計部門）を追加部門として種々の財やサービスを「投入」し，さらに家事労働を「投入」するモデルを構築する[13]。それぞれの財やサービスの量は，1生産期間中に生産過程で使用された労働力1単位を回復するために消費過程で消費される，生物的かつ社会的に必要最小限の量に設定される。これにそれぞれの貨幣価格を乗じた合計額を価格1とし，価格ニュメレールに設定する。このように構成された一種の合成消費手段1単位は当然，量的にも組み合わせの上でも諸国間でまったく異なるものとなる。しかし，この合成消費手段そのものは貿易されない。輸出入されるのは，それを構成する個々の財やサービスだけである。これらはすべて，国際的に物量単位をそろえて計測される。したがって，実際には，この合成消費手段を価格ニュメレールに設定して為替相場を乗ずることで，これを各国別実質賃金率の「価値尺度」しての機能に特化させることができる。このことを理論的な担保として，本稿ではもっとも単純に，先進国であろうが途上国であろうが，生物的かつ社会的に必要最低限の穀物量が量的・質的に同一であると前提する。

　このように設定された消費手段1単位は，国民的労働力1単位を再生産する最小限の物量として，諸国の価格体系の基準をなす。また，国民ニュメレールとして，国際価格体系の骨格を形成する。実際には，国民ニュメレールに為替相場が乗じられて，各国の産業部門が連結され，国際価格体系の全体像が構成されることになる。つまり，国民ニュメレール間の1：1という

---

[13]　同じく，板木（2017a）の「価格ニュメレールについて」を参照。

基本関係を通じて，諸国民の労働が互いに連結されている。この意味におい
て，この1：1が，国際価格体系の底に横たわる基本的な国際価値関係であ
るということができよう。

　第1国と第2国の消費手段1単位の生産に投入された労働量は，それぞれ
次のようであった。

$$L_{13} = b_{13}\left(\frac{a_{12}l_{11} + l_{12}}{1 - a_{12}b_{11}}\right) + l_{13}$$

$$L_{23} = b_{23}\left(\frac{a_{22}l_{21} + l_{22}}{1 - a_{22}b_{21}}\right) + l_{23}$$

したがって，両国ニュメレール間の1：1という関係の中に，$L_{13}：L_{23}$という
国際不等労働量交換の骨格が潜んでいることになる。ここに，国際的搾取の
起点がある。両式を見ればわかるように，この比率の中には両国のすべての
部門の投入産出係数―すなわち，総合的な労働生産性がかかわっていること
がわかる。かつてリカードが，イギリスの服地1単位とポルトガルの葡萄酒1
単位の交換の中に感知した，イギリス人100人の労働とポルトガル人80人の
労働の間の不等労働量交換は，このような国際価値関係の鮮やかな反映で
あった[14]。しかし，この問題を詳しく論ずるためには，国民価格体系の中に
実質為替相場を導入しなければならず，それは板木（2017c）での課題となる。

---

[14] この点についてマルクスは，『資本論』第3巻第3篇「利潤率の傾向的低下の法則」
第14章「反対に作用する諸原因」の中で次のように指摘している。
「この国は，自国が受け取るよりも多くの対象化された労働を現物で与えるが，それ
でもなおその商品を自国で生産できるよりも安く手に入れるという関係である」（マ
ルクス（1965–1967，III，S.248，第3巻1，298ページ）
さらに『剰余価値学説史』の中において，リカードに関して次のように指摘している。
「リカードの理論でさえも，―セーは述べていないことだが―ある国の3労働日は他
の国の1労働日と交換されることを考察している。この場合には価値の法則は本質
的な修正を受ける。そうでない場合には，一国の内部で，熟練した複雑な労働が未
熟練で簡単な労働にたいしてどうであるかということも，違った国々の労働日が相
互にどうであるかということも，同様であろう。このような場合には，より富んで
いる国が，より貧乏な国を搾取することになり，それは，たとえあとのほうの国が
交換によって利益を得るにしても，そうである。このことは，J. St. ミルも彼の↗

2.2 比較優位・劣位構造—貿易の潜在的可能性

2.2.1 比較優位・劣位構造

P_{11}, P_{12}, w_1 および P_{21}, P_{22}, w_2 を，それぞれ R_1 と R_2 に関して解くと，次の6式が求められる。

$$P_{11} = \frac{R_1 b_{11} l_{12} + l_{11}}{\left(a_{12} b_{13} l_{11} - a_{12} b_{11} l_{13}\right) R_1^2 + R_1 b_{13} l_{12} + l_{13}}$$

$$P_{12} = \frac{R_1 a_{12} l_{11} + l_{12}}{\left(a_{12} b_{13} l_{11} - a_{12} b_{11} l_{13}\right) R_1^2 + R_1 b_{13} l_{12} + l_{13}}$$

$$w_1 = \frac{1 - R_1^2 a_{12} b_{11}}{\left(a_{12} b_{13} l_{11} - a_{12} b_{11} l_{13}\right) R_1^3 + R_1^2 b_{13} l_{12} + R_1 l_{13}}$$

$$P_{21} = \frac{R_2 b_{21} l_{22} + l_{21}}{\left(a_{22} b_{23} l_{21} - a_{22} b_{21} l_{23}\right) R_2^2 + R_2 b_{23} l_{22} + l_{23}}$$

$$P_{22} = \frac{R_2 a_{22} l_{21} + l_{22}}{\left(a_{22} b_{23} l_{21} - a_{22} b_{21} l_{23}\right) R_2^2 + R_2 b_{23} l_{22} + l_{23}}$$

$$w_2 = \frac{1 - R_2^2 a_{22} b_{21}}{\left(a_{22} b_{23} l_{21} - a_{22} b_{21} l_{23}\right) R_2^3 + R_2^2 b_{23} l_{22} + R_2 l_{23}}$$

両国の第3部門を基準として，第1国第1部門が比較優位，第2国第1部門が比較劣位（第1国第3部門が比較劣位，第2国第3部門が比較優位）となる条件は，次の不等式で示される。

$$\frac{R_1 b_{11} l_{12} + l_{11}}{\left(a_{12} b_{13} l_{11} - a_{12} b_{11} l_{13}\right) R_1^2 + R_1 b_{13} l_{12} + l_{13}} < \frac{R_2 b_{21} l_{22} + l_{21}}{\left(a_{22} b_{23} l_{21} - a_{22} b_{21} l_{23}\right) R_2^2 + R_2 b_{23} l_{22} + l_{23}}$$

第1国第2部門が比較優位，第2国第2部門が比較劣位（第1国第3部門が比較劣位，第2国第3部門が比較優位）となる条件は，次の不等式で示される。

↗『経済学の未解決の諸問題に関する試論』のなかで説明しているとおりである」（マルクス（1969–1970, III, S.101, 26III, 132–133 ページ）

$$\frac{R_1 a_{12} l_{11} + l_{12}}{\left(a_{12} b_{13} l_{11} - a_{12} b_{11} l_{13}\right) R_1^2 + R_1 b_{13} l_{12} + l_{13}} < \frac{R_2 a_{22} l_{22} + R_2 a_{22} l_{21}}{\left(a_{22} b_{23} l_{21} - a_{22} b_{21} l_{23}\right) R_2^2 + R_2 b_{23} l_{22} + l_{23}}$$

最後に，両国の第2部門を基準として，第1国第1部門が比較優位，第2国第1部門が比較劣位（第1国第2部門が比較劣位，第2国第2部門が比較優位）となる条件は，次の不等式で示される。

$$\frac{R_1 b_{11} l_{12} + l_{11}}{R_1 a_{12} l_{11} + l_{12}} < \frac{R_2 b_{21} l_{22} + l_{21}}{R_2 a_{22} l_{21} + l_{22}}$$

これらをリカード貿易論の3式と比較すれば，それぞれ技術構成（投入産出係数）にもとづくリカード型の比較優位・劣位構造を骨格としつつ，そこに分配関係が加味された構造になっていることがわかる。

そして，重要な点は，リカード型がそうであったように，ここでもまた両国間の技術構成と分配関係の組み合わせに応じて，どのような比較優位・劣位構造のパターンも両国間に存在しうるという点である。したがって，貿易に参加する国にとって問題は，国内的な分配関係の観点から，どのような比較優位・劣位構造を選択するかにある。

「両国間の技術構成と分配関係の組み合わせに応じて，どのような比較優位・劣位構造のパターンも両国間に存在しうる」ことを論証するには，「いずれの国においても，固定的な価格関係のパターンが存在しない」ことを論証すればよかろう。これをまず第1国に関して考えてみよう。消費手段に対する部品の相対価格 P_{11} は，

$$P_{11} = \frac{R_1 b_{11} l_{12} + l_{11}}{\left(a_{12} b_{13} l_{11} - a_{12} b_{11} l_{13}\right) R_1^2 + R_1 b_{13} l_{12} + l_{13}}$$

P_{11} と1との大小関係を見るために，右辺から1を減じてみよう。

$$\frac{R_1 b_{11} l_{12} + l_{11}}{\left(a_{12} b_{13} l_{11} - a_{12} b_{11} l_{13}\right) R_1^2 + R_1 b_{13} l_{12} + l_{13}} - 1$$

$$= \frac{a_{12} l_{11} l_{13} R_1^2 \left(\dfrac{b_{11}}{l_{11}} - \dfrac{b_{13}}{l_{13}}\right) + R_1 l_{12} \left(b_{11} - b_{13}\right) + \left(l_{11} - l_{13}\right)}{\left(a_{12} b_{13} l_{11} - a_{12} b_{11} l_{13}\right) R_1^2 + R_1 b_{13} l_{12} + l_{13}}$$

この分母は正である。したがって，

$$0 < \frac{b_{11}}{l_{11}} - \frac{b_{13}}{l_{13}} \qquad 0 < b_{11} - b_{13} \qquad 0 < l_{11} - l_{13}$$

が同時に成立するとき，$1 < P_{11}$ となる。また，これらがすべて負のとき，$P_{11} < 1$ となる。したがって，消費手段に対する部品の相対価格 P_{11} は，大小いずれかに固定されているわけではないことがわかる。

次に部品に対する機械の相対価格 $P_{12}／P_{11}$ は，

$$\frac{P_{12}}{P_{11}} = \frac{R_1 a_{12} l_{11} + l_{12}}{R_1 b_{11} l_{12} + l_{11}}$$

P_{12} と P_{11} の大小関係を見るために，右辺から 1 を減じてみよう。

$$\frac{R_1 a_{12} l_{11} + l_{12}}{R_1 b_{11} l_{12} + l_{11}} - 1$$

$$= \frac{R_1 l_{11} l_{12} \left(\dfrac{a_{12}}{l_{12}} - \dfrac{b_{11}}{l_{11}}\right) + \left(l_{12} - l_{11}\right)}{R_1 b_{11} l_{12} + l_{11}}$$

$$0 < \frac{a_{12}}{l_{12}} - \frac{b_{11}}{l_{11}} \qquad 0 < l_{12} - l_{11}$$

が同時に成立するとき，$P_{11} < P_{12}$ となる。また，これらがすべて負のとき，$P_{12} < P_{11}$ となる。したがって，部品に対する機械の相対価格 $P_{12}／P_{11}$ は，大小いずれかに固定されているわけではないことがわかる。

以上，P_{11} と $P_{13}(=1)$，P_{11} と P_{12} が固定されているわけではないことから，

リカード・マルクス型貿易理論を目指して

第1国について，部品，機械，消費手段の3つの相対価格関係がまったく固定的でないことがわかる。このことは，第2国に関しても同様であるから，結局，「いずれの国においても，固定的な価格関係のパターンが存在しない」。したがって，適当な投入産出係数さえ設定すれば「どのような比較優位・劣位構造のパターンも両国間に存在しうる」ことになる。

2.2.2 貿易の潜在的可能性

比較優位・劣位構造が2国間に存在するだけでは，貿易は成立しない。両国の国内価格を国際価格へ結びつける外国為替相場が与えられないと，理論的にも，また実際的にも，両国の間に貿易が取り結ばれることはない。その意味で，比較優位・劣位構造は，貿易の潜在的可能性を与える必要条件なのである。

潜在的可能性は，そのままの形で実現される場合もあれば，何か外部的な力によって変形されて実現される場合もある。また，そもそも実現が阻止されてしまう場合もある。いま，この潜在的可能性を「力」，すなわち潜在力 potentiality ととらえてみよう。潜在力は，ある誘因に媒介されて顕在化する[15]。つまり，潜在力としての比較優位・劣位構造が，外国為替相場を媒介とすることで，実際に国際貿易となって顕在化するわけである。よく知られているように，たとえ比較優位があったとしても，為替相場が非常に高ければ輸入部門に転じてしまうこともある。逆に，為替相場が非常に低ければ，比較劣位部門でも輸出部門になることができる。「媒介する」「誘因となる」とは，このような事態も含めた概念である[16]。

しかし，もう一つ忘れてならない「媒体」「誘因」が存在している。それは，

---

[15] ヘーゲルは，彼の論理学の中の本質論において，力とその発現，そしてその誘因ということについて論じている（ヘーゲル〔1817〕136，137，（下）66–73ページ）。事物の本質としての力が，誘因を介して発現する。ある目的をもって企図されたのではない社会現象は，このような形をとって現れ出る。

[16] このように，力に影響を及ぼすのであるから，誘因もまた一つの力，力の行使なのである。力と，その対立物としての力，両者の総合としての力の発現，という弁証法的な関係にあることがわかる。

85

国家とその政策である。具体的には，資本主義国家が貿易政策や為替政策を行使することで，比較優位・劣位が実現されたり，強化されたり弱められたり，また打ち消されたりする。そのような政策上の判断基準は，利潤率の上昇にあると一般的にとらえてよかろう[17]。

2.3 比較優位・劣位構造と分配

外国為替相場や政府の貿易政策・為替政策が理論的に考慮されていない状況のもとで，第1国と第2国の間の比較優位・劣位構造は，国際貿易を推進する原動力としては，まだ潜在的なものにとどまっている。つまり，これだけでは，どの部門を輸出部門・輸入部門とするかを決定するには至らない。ただ，適当な為替相場が与えられれば，比較優位部門の国内価格には上昇圧力が，比較劣位部門のそれには下落圧力がかかるだろうと推論することは可能である。もちろん，為替相場と政府の政策の如何によっては，これが覆る可能性もまた十分にある。しかし，力の作用する基本方向としては，優位部門には上昇圧力が，劣位部門には下落圧力がかかると考えてよかろう[18]。

両国間では，技術関係と分配関係に応じて，3部門の間にどのような比較優位・劣位構造のパターンも成立しうるのであるから，3部門のうち1つを国内部門とおけば，貿易パターンは6つに場合分けされる。そのそれぞれにおいて，分配関係にどのような力が作用するかを分析していこう。なお，これ以降，分析は1国3部門モデルに集中される。

2.3.1 第1部門（部品）と第3部門（消費手段）の比較優位・劣位と分配

労働量を基準として，各部門の資本集約度 ε_{11}, ε_{12}, ε_{13} を次のように定義

---

[17] これは，国家の経済外的力の行使，あるいは「上部構造の土台への反作用」（吉信，1993，28ページ），「外側に向かっての国家」（吉信，1993，29–31ページ）（吉信，1997，第2章）と呼ばれるものである。

[18] もし，為替相場が非常に低ければ，比較優位部門も劣位部門もともに価格上昇圧力を受けることになる。為替相場が非常に高ければ，ともに価格下落圧力を受ける。このような場合には，比較優位部門は相対的価格上昇圧力を受け，比較劣位部門は相対的価格下落圧力を受けることになる。

する。

$$\varepsilon_{11} = \frac{b_{11}L_{12}}{l_{11}} = \frac{b_{11}\left(a_{12}l_{11} + l_{12}\right)}{l_{11}\left(1 - a_{12}b_{11}\right)}$$

$$\varepsilon_{12} = \frac{a_{12}L_{11}}{l_{12}} = \frac{a_{12}\left(b_{11}l_{12} + l_{11}\right)}{l_{12}\left(1 - a_{12}b_{11}\right)}$$

$$\varepsilon_{13} = \frac{b_{13}L_{12}}{l_{13}} = \frac{b_{13}\left(a_{12}l_{11} + l_{12}\right)}{l_{13}\left(1 - a_{12}b_{11}\right)}$$

すでに検討したように（板木，2017a），これらを価格方程式に代入し，求められた P_{11} を R_1 に関して微分すると，次の式が得られる。

$$P_{11}{}' = \frac{\left(\varepsilon_{11} - \varepsilon_{13}\right)a_{12}b_{11}b_{13}L_{12}\varepsilon_{12}\varepsilon_{13}\left(R_1{}^2a_{12}b_{11}L_{11}\varepsilon_{11} + 2R_1b_{11}L_{12}\varepsilon_{12} + L_{11}\varepsilon_{11}\right)}{\left\{b_{13}\varepsilon_{11}\left(R_1a_{12}L_{11}\varepsilon_{13} + L_{12}\varepsilon_{12}\right) + R_1{}^2a_{12}b_{11}b_{13}L_{12}\varepsilon_{12}\left(\varepsilon_{13} - \varepsilon_{11}\right)\right\}^2}$$

$0 < P_{11}$，$0 < R_1$ の範囲において，第1部門の資本集約度が第3部門のそれより大きいとき，P_{11} と R_1 は互いに増加関数となり，第3部門の資本集約度が第1部門のそれより大きいとき，P_{11} と R_1 は互いに減少関数となることがわかる。また，両部門の資本集約度が等しいとき，P_{11} の傾きはゼロとなって，R_1 の変化によって P_{11} は変化しない。なお，単純な物量比 $\dfrac{b_{11}}{l_{11}}$，$\dfrac{b_{13}}{l_{13}}$ の関係と

同値である ε_{11} と ε_{13} の関係は，「単純な資本集約度」と呼ばれる。

これを比較優位・劣位構造に当てはめると，次にようになる。

①　単純資本集約度が　第3＜第1　の場合，もし第1国が第1部門（部品）に比較優位をもち，第3部門（消費手段）に比較劣位をもつと，第1国の利潤率に上昇圧力がかかる。

②　単純資本集約度が　第1＜第3　の場合，もし第1国が第3部門（消費手段）に比較優位をもち，第1部門（部品）に比較劣位をもつと，第1国の利潤率に上昇圧力がかかる。

87

しかし逆に、

① 単純資本集約度が　第1＜第3　の場合に、もし第1国が第1部門（部品）に比較優位をもち、第3部門（消費手段）に比較劣位をもつと、第1国の利潤率に下落圧力がかかる。

② 単純資本集約度が　第3＜第1　の場合に、もし第1国が第3部門（消費手段）に比較優位をもち、第1部門（部品）に比較劣位をもつと、第1国の利潤率に下落圧力がかかる。

　以上から、第1部門（部品）と第3部門（消費手段）の関係においては、「単純資本集約度」の高い産業が比較優位をもち、低い産業が比較劣位をもつことによって、その国の利潤率には上昇圧力（実質賃金率には下落圧力）がかかる。これが逆転すると、利潤率には下落圧力（実質賃金率には上昇圧力）がかかる。

　では、どうしてこのような状況が発現するのか、そのメカニズムを探ってみよう。単純資本集約度が「第3部門＜第1部門」で、第1国が第1部門に比較優位をもち、第3部門に比較劣位をもつ場合、現実に第1部門の利潤率が上昇し、第3部門の利潤率が低下する。その場合、資本が第3部門から第1部門に流入し、第3部門では生産規模が縮小する。第3部門にとどまった資本家は、生き残りのために第3部門労働者に賃下げを要求するだろう。また、資本集約度の低い第3部門からは比較的多くの失業者が排出されるが、資本集約度の高い第1部門の雇用拡大によっては、それが十分吸収されないかもしれない。このような増大する失業の圧力を利用して、縮小する第3部門の資本家も利潤率引き上げに成功し、拡大する第1部門の資本家も賃金引き下げに成功するかもしれない。このように、第1部門に対しては規模拡大圧力、第3部門に対しては規模縮小圧力がかけられることで、利潤率上昇、実質賃金率低下の方向に分配関係が変化していくと予想することができる。

　しかし、もし組織された労働者が実質賃金率の低下に抵抗し、第3部門の国内価格低下圧力を吸収できなければ、どうなるか。あるいは、実質賃金率の低下が、社会的に許容される最低ラインに達したらどうなるか。その場合に

は，第3部門の規模収縮のスピードが加速されると予想される。そして，徐々に第3部門が駆逐されていくか，国家が動員されて第3部門の保護に向かうか，あるいは残存する第3部門に固有の低い利潤率と実質賃金率が成立して，国内経済が二重構造化するか，いずれかの事態が進行すると予想される。

次に，単純資本集約度が「第3部門＜第1部門」で，第1国が第3部門に比較優位をもち，第1部門に比較劣位をもった場合は，これまでの議論と逆に，第3部門に価格上昇圧力，第1部門に価格低下圧力がかかる。その結果，資本が第1部門から第3部門に流入し，第1部門では生産規模が縮小する。資本集約度の高い第1部門から失業者が排出されるが，資本集約度の低い第3部門の雇用拡大を賄うことができず，実質賃金率が上昇を始めるかもしれない。このような賃上げによって，拡大する第3部門の資本家も利潤率低下に見舞われ，縮小する第1部門の労働者も実質賃金率上昇に成功するかもしれない。しかし，もし資本家が利潤率の低下に抵抗し，部品の国内価格低下圧力をこれによって吸収できなければ，第1部門の規模収縮のスピードが加速されると予想される。そして，徐々に第1部門が駆逐されるか，国家を動員した保護貿易に向かうか，あるいは国内経済が二重構造化するか，いずれかの事態が進行すると予想される。

2.3.2　第1部門（部品）と第2部門（機械）の比較優位・劣位と分配

すでに検討したように，$\dfrac{P_{12}}{P_{11}}$ に関して次の微分が成立する。

$$\left(\frac{P_{12}}{P_{11}}\right)' = \frac{l_{11}{}^2 l_{12}{}^2 \left(\dfrac{a_{12}}{l_{12}{}^2} - \dfrac{b_{11}}{l_{11}{}^2}\right)}{\left(R_1 b_{11} l_{12} + l_{11}\right)^2}$$

資本集約度を用いて書き直せば，次のようになる。

$$\left(\frac{P_{12}}{P_{11}}\right)' = \frac{a_{12}\left(L_{12}\sqrt{b_{11}}\,\varepsilon_{12} + L_{11}\sqrt{a_{12}}\,\varepsilon_{11}\right)\left(L_{12}\sqrt{b_{11}}\,\varepsilon_{12} - L_{11}\sqrt{a_{12}}\,\varepsilon_{11}\right)}{b_{11}\left(L_{12}\varepsilon_{12} + L_{11}R_1 a_{12}\varepsilon_{11}\right)^2}$$

ところで，$\dfrac{b_{11}}{l_{11}{}^2} < \dfrac{a_{12}}{l_{12}{}^2}$ が成立していれば，$1 < \dfrac{\varepsilon_{12}}{\varepsilon_{11}}$ および $0 < \left(\dfrac{P_{12}}{P_{11}}\right)'$ が成立する

ことがわかっている（板木，2017a）。第 1 部門（部品部門）と第 2 部門（機械部門）の間の資本集約度 ε_{11} と ε_{12} の関係は，直接的労働 l_{11}, l_{12} が少なければ少ない程，より急速に値が大きくなる「労働節約的な資本集約度」と呼ばれるものである。ここから，R_1 が正の範囲で，第 2 部門の資本集約度が第 1 部門のそれより大きいとき，P_{12}/P_{11} と R_1 は互いに増加関数となり，第 1 部門の資本集約度が第 2 部門のそれより大きいとき，P_{12}/P_{11} と R_1 は互いに減少関数となることがわかる。また，両部門の資本集約度が等しいとき，P_{12}/P_{11} の傾きはゼロとなって，R_1 の変化によって変化しない。

　これを比較優位・劣位構造に当てはめると，次にようになる。

① 労働節約的資本集約度が「第 1 部門 < 第 2 部門」の場合，もし第 1 国が第 2 部門に比較優位をもち，第 1 部門に比較劣位をもつと，第 1 国の利潤率に上昇圧力がかかる。

② 労働節約的資本集約度が「第 2 部門 < 第 1 部門」の場合，もし第 1 国が第 1 部門に比較優位をもち，第 2 部門に比較劣位をもつと，第 1 国の利潤率に上昇圧力がかかる。

　しかし逆に，

① 労働節約的資本集約度が「第 1 部門 < 第 2 部門」の場合に，もし第 1 国が第 1 部門に比較優位をもち，第 2 部門に比較劣位をもつと，第 1 国の利潤率に下落圧力がかかる。

② 労働節約的資本集約度が「第 2 部門 < 第 1 部門」の場合に，もし第 1 国が第 2 部門に比較優位をもち，第 1 部門に比較劣位をもつと，第 1 国の利潤率に下落圧力がかかる。

　以上から，第 1 部門と第 2 部門の関係においては，「労働節約的資本集約度」の高い産業が比較優位をもち，低い産業が比較劣位をもつことによって，その国の利潤率には上昇圧力（実質賃金率には下落圧力）がかかる。これが逆転すると，利潤率には下落圧力（実質賃金率には上昇圧力）がかかる。

このような状況が発現するメカニズムは，第1部門と第3部門の関係と同様である。

2.3.3　第2部門（機械）と第3部門（消費手段）の比較優位・劣位と分配

すでに検討したように，P_{12} に関して次の2つの微分が成立する。

$$
P_{12}' = \frac{l_{11}l_{13}\left(\dfrac{b_{11}}{l_{11}} - \dfrac{b_{13}}{l_{13}}\right)\left(R_1^2 a_{12}{}^2 l_{11} + 2R_1 a_{12}l_{12}\right) + l_{12}{}^2 l_{13}\left(\dfrac{a_{12}}{l_{12}}\dfrac{l_{11}}{l_{12}} - \dfrac{b_{13}}{l_{13}}\right)}{\left\{-a_{12}l_{11}l_{13}\left(\dfrac{b_{11}}{l_{11}} - \dfrac{b_{13}}{l_{13}}\right)R_1^2 + (R_1 b_{13}l_{12} + l_{13})\right\}^2}
$$

$$
P_{12}' = \frac{a_{12}{}^2 b_{11}b_{13}L_{12}\varepsilon_{13}\left[\begin{array}{l}\varepsilon_{12}\left(\varepsilon_{11} - \varepsilon_{13}\right)\left(R_1^2 b_{11}L_{12}\varepsilon_{12} + 2R_1 L_{11}\varepsilon_{11}\right) \\ + \left(\dfrac{L_{11}\varepsilon_{11}}{\varepsilon_{11}+1}\right)\left\{\left(\dfrac{\varepsilon_{12}+1}{\varepsilon_{11}+1}\right)\varepsilon_{12} - \varepsilon_{13}\right\}\end{array}\right]}{\left\{b_{13}\varepsilon_{11}\left(R_1 a_{12}L_{11}\varepsilon_{13} + L_{12}\varepsilon_{12}\right) + R_1^2 a_{12}b_{11}b_{13}L_{12}\varepsilon_{12}\left(\varepsilon_{13} - \varepsilon_{11}\right)\right\}^2}
$$

ここから，$0 < P_{12}$，$0 < R_1$ の範囲において，P_{12} の R_1 に対する関係は，次のように5つに場合分けされる。なお，$\left(\dfrac{\varepsilon_{12}+1}{\varepsilon_{11}+1}\right)\varepsilon_{12}$ は，第2部門の「修正された資本集約度」と呼ばれるものである。

① $0 < \varepsilon_{11} - \varepsilon_{13}$　かつ　$0 < \left(\dfrac{\varepsilon_{12}+1}{\varepsilon_{11}+1}\right)\varepsilon_{12} - \varepsilon_{13}$ の場合。なお，不等号のいずれかが

= であってもかまわない。R_1 と P_{12} は互いに増加関数となる。

② $\varepsilon_{11} - \varepsilon_{13} < 0$　かつ　$\left(\dfrac{\varepsilon_{12}+1}{\varepsilon_{11}+1}\right)\varepsilon_{12} - \varepsilon_{13} < 0$ の場合。なお，不等号のいずれかが

= であってもかまわない。R_1 と P_{12} は互いに減少関数となる。

③ $0 < \varepsilon_{11} - \varepsilon_{13}$　かつ　$\left(\dfrac{\varepsilon_{12}+1}{\varepsilon_{11}+1}\right)\varepsilon_{12} - \varepsilon_{13} < 0$　したがって $\left(\dfrac{\varepsilon_{12}+1}{\varepsilon_{11}+1}\right)\varepsilon_{12} < \varepsilon_{13} < \varepsilon_{11}$ の場

合。R_1 が0から出発して徐々に増大すると，初め P_{12} は減少するが，やがて増大に転ずる。逆に言えば，最初は P_{12} が下落することによって R_1 が増大するが，一定の R_1 の値を越えると，それ以降は P_{12} が上昇するこ

91

とによってR_1が増大する。第1部門（部品）の労働節約的資本集約度の牽引効果が第2部門（機械）のそれに及ぼされることによって，このような逆転現象が発生する。

④ $\varepsilon_{11} - \varepsilon_{13} < 0$　かつ　$0 < \left(\dfrac{\varepsilon_{12}+1}{\varepsilon_{11}+1}\right)\varepsilon_{12} - \varepsilon_{13}$　したがって　$\varepsilon_{11} < \varepsilon_{13} < \left(\dfrac{\varepsilon_{12}+1}{\varepsilon_{11}+1}\right)\varepsilon_{12}$ の

場合。R_1 が0から出発して徐々に増大すると，初めP_{12}は増大するが，やがて減少に転ずる。逆に言えば，最初はP_{12}が上昇することによってR_1が増大するが，一定のR_1の値を越えると，それ以降はP_{12}が下落することによってR_1が増大する。第1部門（部品）の労働節約的資本集約度の牽引効果が第2部門（機械）のそれに及ぼされることによって，このような逆転現象が発生する。

⑤ $0 = \varepsilon_{11} - \varepsilon_{13}$　かつ　$0 = \left(\dfrac{\varepsilon_{12}+1}{\varepsilon_{11}+1}\right)\varepsilon_{12} - \varepsilon_{13}$ の場合。R_1の変化によってP_{12}は

変化しない。つまり，分配関係の影響を受けない。

これを比較優位・劣位構造に当てはめると，次にようになる。

① 第3部門の資本集約度が3つの中で一番低い場合には，「修正された資本集約度」の高い第2部門に比較優位を持ち，第3部門に比較劣位を持つと，利潤率に上昇圧力がかかる。逆の場合には，利潤率に下落圧力がかかる。このような状況が発現するメカニズムは，第1部門と第3部門の場合と同様である。

② 第3部門の資本集約度が3つの中で一番高い場合には，この第3部門に比較優位を持ち，第2部門に比較劣位を持つと，利潤率に上昇圧力がかかる。逆の場合には，利潤率に下落圧力がかかる。このような状況が発現するメカニズムも，第1部門と第3部門の場合と同様である。

③ $\left(\dfrac{\varepsilon_{12}+1}{\varepsilon_{11}+1}\right)\varepsilon_{12} < \varepsilon_{13} < \varepsilon_{11}$ となって第3部門の資本集約度が中間に来る場合に

は，まだ利潤率が低い状況では，第2部門の「修正された資本集約度」より資本集約度の高い第3部門に比較優位を持ち，第2部門に比較劣位

を持つと，利潤率に上昇圧力がかかる。しかし，利潤率がある値を越えた後は逆に，「修正された資本集約度」の低い第2部門に比較優位を持ち，資本集約度の高い第3部門に比較劣位を持つと，利潤率に上昇圧力がかかる。逆の場合には，利潤率に下落圧力がかかる。

　これは，R_1の上昇にともなって，もっとも資本集約度の高い第1部門の生産する部品の価格が上昇し，これが第2部門の機械生産に投入されるため，それまで下降傾向にあった機械価格が，ある時点から上昇に転ずるためである。つまり，第3部門をまたいで及ぼされる，第1部門の第2部門に対する牽引効果によって，機械価格の変化の方向が逆転するわけである。

④　$\varepsilon_{11} < \varepsilon_{13} < \left(\dfrac{\varepsilon_{12}+1}{\varepsilon_{11}+1} \right) \varepsilon_{12}$ となって第3部門の資本集約度が中間に来る場合，

まだ利潤率が低い状況では，第3部門より「修正された資本集約度」の高い第2部門に比較優位を持ち，第3部門に比較劣位を持つと，利潤率が上昇する。しかし，利潤率がある値を越えた後には，逆に資本集約度の低い第3部門に比較優位を持ち，「修正された資本集約度」の高い第2部門に比較劣位を持って貿易に参加すると，利潤率に上昇圧力がかかる。逆の場合には，利潤率に下落圧力がかかる。

　これは，R_1の上昇にともなって，もっとも資本集約度の低い第1部門の生産する部品の価格が下落し，これが第2部門の機械生産に投入されるため，それまで上昇傾向にあった機械価格が，ある時点から下落に転ずるためである。つまり，第3部門をまたいで及ぼされる，第1部門の第2部門に対する牽引効果によって，機械価格の変化の方向が逆転するわけである。

⑤　第1部門と第3部門の資本集約度，および第2部門の「修正された資本集約度」が一致する場合には，どの部門に比較優位をもっても，利潤率に影響は生じない。

　では，どうしてケース③④のような逆転現象が生ずるのか，そのメカニズ

ムを探ってみよう。ともに，まだ利潤率が低い状況のもとでは，これまでと同様のメカニズムが働いている。しかし，R_1 が次の値を越えると逆転現象が生ずる。すなわち，$0<P_{12}$，$0<R_1$ の範囲において，$P_{12}'=0$ となる地点である。

$$R_1 = \frac{l_{12}}{a_{12}l_{11}} \sqrt{l_{11} \frac{\dfrac{b_{11}}{l_{11}^2} - \dfrac{a_{12}}{l_{12}^2}}{\dfrac{b_{11}}{l_{11}} - \dfrac{b_{13}}{l_{13}}} - \frac{l_{12}}{a_{12}l_{11}}}$$

労働量を基準とした資本集約度 ε_{11}, ε_{12}, ε_{13} が，この値の前後でまったく変化しないことは言うまでもない。あくまで物量比だからである。しかし，もしスラッファのように価格を基準とする資本集約度を計測すれば，この値の近傍でこれが逆転していることがわかる。価格を基準とする資本集約度 $\bar{\varepsilon}_{11}$, $\bar{\varepsilon}_{12}$, $\bar{\varepsilon}_{13}$ を，次のように定義する。

$$\bar{\varepsilon}_{11} = \frac{b_{11}P_{12}}{l_{11}w_1}$$

$$\bar{\varepsilon}_{12} = \frac{a_{12}P_{11}}{l_{12}w_1}$$

$$\bar{\varepsilon}_{13} = \frac{b_{13}P_{12}}{l_{13}w_1}$$

ここに P_{11}, P_{12}, w_1 を代入して整理すると，次の式が得られる。

$$\bar{\varepsilon}_{11} = \frac{R_1 b_{11} \left(R_1 a_{12} l_{11} + l_{12} \right)}{l_{11} \left(1 - R_1^2 a_{12} b_{11} \right)}$$

$$\bar{\varepsilon}_{12} = \frac{R_1 a_{12} \left(R_1 b_{11} l_{12} + l_{11} \right)}{l_{12} \left(1 - R_1^2 a_{12} b_{11} \right)}$$

$$\bar{\varepsilon}_{13} = \frac{R_1 b_{13} \left(R_1 a_{12} l_{11} + l_{12} \right)}{l_{13} \left(1 - R_1^2 a_{12} b_{11} \right)}$$

R_1 が次の値を取るとき, $\bar{\varepsilon}_{12}$, $\bar{\varepsilon}_{13}$ は一致する。

$$R_1 = \frac{l_{12}\left(\dfrac{a_{12}}{l_{12}}\dfrac{l_{11}}{l_{12}} - \dfrac{b_{13}}{l_{13}}\right)}{a_{12}l_{11}\left(\dfrac{b_{13}}{l_{13}} - \dfrac{b_{11}}{l_{11}}\right)}$$

つまり, この値の前後で, 価格を基準とする資本集約度の逆転が生じている。このような逆転現象が生ずるとき, 第2部門と第3部門の相対価格も逆転し, 比較優位・劣位関係も逆転する[19]。

ところで, 第1部門と第2部門の価格を基準とした資本集約度の間には, このような逆転現象が生じない。両者の差を取って整理すると, 次のようになる。

$$\bar{\varepsilon}_{11} - \bar{\varepsilon}_{12} = \frac{R_1 l_{11}{}^2 l_{12}{}^2}{l_{11}l_{12}\left(1 - R_1{}^2 a_{12}b_{11}\right)}\left(\frac{b_{11}}{l_{11}{}^2} - \frac{a_{12}}{l_{12}{}^2}\right)$$

$0 < \dfrac{b_{11}}{l_{11}{}^2} - \dfrac{a_{12}}{l_{12}{}^2}$ であれば $0 < \bar{\varepsilon}_{11} - \bar{\varepsilon}_{12}$, $\dfrac{b_{11}}{l_{11}{}^2} - \dfrac{a_{12}}{l_{12}{}^2} < 0$ であれば $\bar{\varepsilon}_{11} - \bar{\varepsilon}_{12} < 0$, となり,

R_1 の変化によって資本集約度に逆転は生じない。$0 < \dfrac{b_{11}}{l_{11}{}^2} - \dfrac{a_{12}}{l_{12}{}^2}$ は $0 < \varepsilon_{11} - \varepsilon_{12}$ と

同値であるから, これはつまり, 労働量を基準とした労働節約的資本集約度と価格を基準とした資本集約度が一致していることを意味している。

また, 第1部門と第3部門の価格を基準とした資本集約度の間にも, 逆転現象は生じない。両者の差を取って整理すると, 次のようになる。

$$\bar{\varepsilon}_{11} - \bar{\varepsilon}_{13} = \frac{R_1\left(R_1 a_{12}l_{11} + l_{12}\right)\left(\dfrac{b_{11}}{l_{11}} - \dfrac{b_{13}}{l_{13}}\right)}{1 - R_1{}^2 a_{12}b_{11}}$$

$0 < \dfrac{b_{11}}{l_{11}} - \dfrac{b_{13}}{l_{13}}$ であれば $0 < \bar{\varepsilon}_{11} - \bar{\varepsilon}_{13}$, $\dfrac{b_{11}}{l_{11}} - \dfrac{b_{13}}{l_{13}} < 0$ であれば $\bar{\varepsilon}_{11} - \bar{\varepsilon}_{13} < 0$, となり,

---

[19] このように, この R_1 の近傍で逆転現象が生ずるのであるが, P_{12} の傾きが逆転する R_1 と, 価格基準の資本集約度が逆転する R_1 との間には, ずれが存在している。この問題に関する詳細な分析は, 板木 (2017b) を参照のこと。

R_1 の変化によって資本集約度に逆転は生じない。$0 < \dfrac{b_{11}}{l_{11}} - \dfrac{b_{13}}{l_{13}}$ は $0 < \varepsilon_{11} - \varepsilon_{13}$ と同値であるから，この場合も，労働量を基準とした単純資本集約度と価格を基準とした資本集約度が一致していることを意味している。

おわりに―リカード・マルクス型貿易モデルの価格体系から示唆されること

　これまで検討してきたモデルは，2国3部門モデル，あるいはそれをさらに単純化した1国3部門モデルという，きわめて限定的な貿易モデルであった。しかも，ここで明らかにされたものは，あくまで貿易の潜在的可能性に限定されている。比較優位・劣位構造が分配関係に及ぼす力の方向性が，その内容である。しかし，理論的に外国為替相場を導入し，国家による貿易政策や為替政策を考慮した上でないと，実際の国際貿易にいま一歩接近することはできない。そこで，ここではひとまず，これまでの分析結果を中間的に整理し，従来と異なる貿易論のパラダイムを提起しておきたい。

　（1）貿易の根本原理である比較優位・劣位原理は，全部門共通の1つの原理に集約されるのではなく，1プラス3原理，1効果の組み合わせから構成されている。その基本構造は，いわば「技術」という骨格の上に「分配」という筋肉がからみついた姿をとっている。

　比較優位・劣位構造を根本的に規定しているものは，リカードの明らかにした比較労働生産性である。国家間に，たとえ全般的な労働生産性において格差が存在していたとしても，産業間の労働生産性に一種のねじれ構造が存在することによって，貿易の潜在的可能性が生まれる。このような二重の意味における生産力の不均等発展を組み込まない貿易理論は，19世紀においても，また21世紀の今日においても，その妥当性を決定的に欠いていると考えられる。

　この比較労働生産性の原理の周りに筋肉のようにまとわりついているものが，ヘクシャー・オリーンの着目した利潤率と実質賃金率の分配関係の原理

である。分配関係は，資本集約度の違いを介して比較優位・劣位構造に反映される。しかし，その反映のされ方は一通りではない。部品部門と消費手段部門の間では単純資本集約度として，部品部門と機械部門の間では，直接的労働の節約効果がより強く効く労働節約的資本集約度として，機械部門と消費手段部門の間では「修正された資本集約度」として，反映されることになる。

さらに従来の貿易パラダイムに修正を求めるものが，部品部門の労働節約的資本集約度が機械部門に及ぼす牽引効果である。この効果を通じて，もっとも川上にある部品部門の資本集約度が，直接的な投入産出関係にある機械部門のそれを牽引する。その結果，労働量を基準とする資本集約度に変化がないにもかかわらず，価格を基準とする資本集約度に逆転現象が発生する。このような現象は，リカードにとっては「奇妙な効果」として薄っすらと意識されていたが，ヘクシャー・オリーンにとっては，「資本」概念の曖昧さから，最初から排除されてきた現象であった。

（2）3つの種類の資本集約度の違いがあり，牽引効果によるその逆転現象が生ずるとはいうものの，一般的に資本集約度の高い部門に比較優位を持つことで，当該国の利潤率は上昇（実質賃金率は下落）圧力を受ける。他方，資本集約度の低い部門に比較優位を持つと，逆に利潤率が低下（実質賃金率は上昇）圧力を受ける。これは，資本集約度の違いにかかわらず，比較優位部門に特化せよとする従来の貿易理論と決定的に異なる結論である。

しかも，その特化の方向性は，比較優位と劣位の逆転現象の存在によって複雑化する。そして，資本主義にとって望ましい産業構造の転換にとって，深刻なジレンマが発生する。このような現象は，多部門モデルではごく当たり前に発生すると予想され，国家による貿易政策・為替政策の登場が強く示唆されることになる。

しかし，冒頭でも述べたように，本稿で明らかにされたものは，あくまで比較優位・劣位構造が分配関係に及ぼす変化の方向性であって，その最終的な帰結ではない。現実の貿易問題にさらに一歩接近するためには，比較優

位・劣位構造を原動力とする動態的な産業構造と分配関係の変化の過程を分析しなければならない。それは、次の板木（2017c）において、進行しつつある部分特化、行き詰った部分特化、完全特化という3局面・段階として検討されることになる。

　以上、2点に整理された新たな貿易論パラダイムは、次のようないくつかの政策的示唆を与えている。

　（1）資本主義国民国家の貿易政策の中に体現された「総資本の意思」というものがあるとするならば、新しい貿易構造に転換していくための必要条件は、国民的利潤率の上昇であろう。言い換えれば、一般的に資本集約的部門に比較優位がない限り、資本主義国家は、新たな貿易関係には参加しない。したがって、先進資本主義国間でしばしばみられるように、部門間で資本集約構造が同じ国同士は、たとえそこに比較優位・劣位構造が存在していても貿易しない、あるいは、共通の高資本集約産業にどちらの国が比較優位を獲得するかをめぐって、貿易摩擦を繰り広げる可能性が高い。先進国間でも、貿易はむしろ資本集約構造が逆転している国同士、あるいは部門同士で盛んとなり、もし、2つの国の間で資本集約構造が同じであれば、それが逆転している第3国を介して初めて間接的な貿易関係が成立する。もし、利潤率低下がわかっていながら貿易に参加するとすれば、そこには、たとえば植民地のように、なんらかの「国民国家としての権能の毀損」が発生していると考えられる。このように、資本主義国家の積極的な貿易政策に裏付けられない、レッセフェールにもとづく「自由貿易」は、本来存在しえないものであることがここから強く示唆される。

　（2）くれぐれも留意しなければならないことは、「資本集約度の高低」が各国共通のuniversalなものではなく、各国それぞれの産業間における高低であるという点である。したがって、たとえば、発展途上国が繊維産業に特化していくことがかならずしも利潤率にとって不利なわけではなく、その国の産業の中で繊維産業が比較的に資本集約的であればよい。あるいは逆に、どの国にとっても自動車産業や鉄鋼産業が貿易上有利なわけではなく、さら

に資本集約的な産業を持っていれば，それを比較優位部門とすることで利潤率を高めることができる。これを発展途上国の工業化過程に当てはめれば，発展途上国が初期の工業化を果たし，次第に先進国と似た資本集約構造に移行するにしたがって，深刻な貿易摩擦に陥る可能性が高いということが示唆される。この点，開発経済論（輸入代替工業化戦略，輸出志向工業化戦略，等）の再検討や，いわゆる「中所得国の罠」の新しい解釈が必要とされよう。

（3）一般的に，多くの部品を投入する機械部門においては，それら部品の牽引効果を受けて，相対価格が複雑に変化する。機械部門は，一方では自部門より労働節約的資本集約度が低い部品部門から，他方では高い部品部門から，それぞれ逆向きの牽引効果を受ける。実際の経済においては，多数の産業部門が複雑な相互的投入産出関係にあるから，ヘクシャー・オリーン型の単純で一律的な要素集約原理では太刀打ちができない。このような複雑な相互投入産出関係と牽引効果のもとでは，分配関係の変化によって，諸産業の比較優位・劣位がさまざまに入り乱れて変化する。

このことだけを見れば，資本集約度は，資本家にとって有利な比較優位部門を特定する実際的な指標として役に立たないということになろう。しかし，諸産業の中でより強い資本集約度を持つ産業であればあるほど，資本家にとって有利な比較優位部門となる可能性が高まる[20]。したがって，複雑

---

[20] この資本集約度と比較優位の問題に重要な示唆を与えるものとして，次のようなパシネッティの言及がある。

「結論としていえば，ある特定の利潤率の近傍における（注16）価格変化を予測する際に，絶対に確実というわけではないが蓋然的な標識として与えられるのは，さまざまの生産過程の資本集約度である。かくて利潤率の上昇は，たいていの場合，その生産に必要とされる直接労働に対する生産手段の比率がニュメレール商品によって必要とされる比率よりも高いような商品（高い資本集約度をもつ過程）の価格騰貴と結びついているであろう，ということができる。そしてそれと同時に，利潤率の上昇はたいていの場合，必要とされる直接労働に対する生産手段の比率がニュメレール商品によって必要とされる比率よりも低いような商品（低い資本集約度をもつ生産過程）の価格下落と結びついているであろう，といえる。しかしながら，すでに述べたように，これらの命題はたいていの場合に成り立つが，必ずしもすべての場合に成り立つわけではない。」（傍点原著者）（パシネッティ，1979，99–100ページ）↗

な牽引効果が働く現実世界では，(1) 資本主義政府の主導のもとで，その国でもっとも資本集約的な産業を中心として輸出部門を育成すること，(2) そのために，労働集約的部門の生産性向上よりも速やかに資本集約的部門の生産性向上を行うこと，(3) その部門に投入する諸部品部門を鍛えて，その労働節約的資本集約度を高めることで生産性を向上させること，以上が資本主義国家の政策的課題としてクローズアップされることになろう。

参考文献

Hawkins, D. and H.A. Simon (1949), "Note: Some Conditions of Macroeconomic Stability", *Econometrica*, vol. 17, no. 3/4 (Jul.–Oct., 1949), pp. 245–248.

Mainwaring, L. (1991), *Dynamics of Uneven Development*, Edward Elgar.

Ricardo, D.〔1817〕, Piero Sraffa ed. with the collaboration of M.H. Dobb, *The Works and Correspondence of David Ricardo*, vol. 1, *On the Principles of Political Economy and Taxation*, Cambridge: Cambridge University Press, 1951.（P. スラッファ編，M.H. ドッブ協力『デイヴィッド・リカードウ全集　第1巻　経済学および課税の原理』堀経夫訳，雄松堂書店，1972年．リカード『経済学および課税の原理』羽鳥卓也，吉澤芳樹訳，岩波文庫（上，下），1987年）．

Sraffa, P. (1951), "Introduction", in Ricardo〔1817〕, pp. xiii–lxii.（「編者序文」P. スラッファ編，M.H. ドッブ協力『デイヴィッド・リカードウ全集　第1巻　経済学および課税の原理』堀経夫訳，雄松堂書店，1972年，xxiii–lxxxiii ページ）．

Sraffa, P. (1960), *Production of Commodities by Means of Commodities: Prelude to a Critique of*

↗「(注16) この限定は必要である。（各々の価格における賃金の構成分に対する生産手段の構成分の比として定義された）資本集約度は，それ自体が利潤率に依存している概念である。いくつかの生産過程は，ある利潤率においてはニュメレール商品の生産過程に比べてより資本集約的であるが，他の利潤率においてはより資本集約的でないということが分かるかもしれない。」(同上，139ページ)
本来，貿易は，「創世記神話」が想定するように，自給自足経済から一瞬にして完全特化に転換するわけではない。既存の貿易構造がすでに前提されているもとで，生産性の変化，為替の変化，分配関係の変化など，何らかの要因でこれが新しい貿易構造へ徐々に変化していく長期的転換過程を不可避的に伴っている。したがって，パシネッティが言うように，転換過程の初期の段階では「ある特定の利潤率の近傍における〔わずかの〕価格変化」という形で，新しい比較優位・劣位が効いてくる。このような状況変化のもとでは，資本家と資本主義国家が依拠する rule of thumb は，「何はともあれ資本集約的部門に比較優位を」ということになろう。

Economic Theory, Cambridge: Cambridge University Press（ピエロ・スラッファ『商品による商品の生産―経済理論批判序説』菱山泉，山下博訳，有斐閣，1962 年）.

Steedman, I. (1979), *Trade amongst Growing Economies*, Cambridge: Cambridge University Press.

ヘーゲル〔1817〕，『小論理学（上）（下）』松村一人訳，岩波文庫，1978 年.

板木雅彦（1988），「リカード貿易論を中心とする諸理論の再検討」京都大学『経済論叢』第 142 巻第 4 号，1988 年 10 月，142–159 ページ.

板木雅彦（2017a），「リカード・マルクス型貿易理論を目指して（1）：国内経済の構造」，*Working Paper Series*, IR2017-1, 立命館大学国際関係学部.（http://www.ritsumei.ac.jp/acd/cg/ir/college/bulletin/workingpaper/IR2017-1..pdf）.

板木雅彦（2017b），「リカード・マルクス型貿易理論を目指して（2）：比較優位・劣位と分配」，*Working Paper Series*, IR2017-2, 立命館大学国際関係学部.（http://www.ritsumei.ac.jp/acd/cg/ir/college/bulletin/workingpaper/IR2017-2..pdf）.

板木雅彦（2017c），「リカード・マルクス型貿易理論を目指して（3）：外国為替相場，部分特化，完全特化」，*Working Paper Series*, IR2017-3, 立命館大学国際関係学部.（http://www.ritsumei.ac.jp/acd/cg/ir/college/bulletin/workingpaper/IR2017-3..pdf）.

岩田勝雄（2014），「リカード外国貿易論・比較生産費説の再検討」『立命館経済学』第 62 巻第 5–6 号，250–273 ページ.

マルクス，カール（1965–1967），『資本論』（ドイツ社会主義統一党中央委員会付属マルクス＝レーニン主義研究所編集『マルクス＝エンゲルス全集』大内兵衞，細川嘉六監訳，23a–25b，大月書店）.

マルクス，カール（1969–1970），『剰余価値学説史』（ドイツ社会主義統一党中央委員会付属マルクス＝レーニン主義研究所編集『マルクス＝エンゲルス全集』大内兵衞，細川嘉六監訳，26(1)–26(3)，大月書店）.

パシネッティ，ルイジ L.（1979），『生産理論―ポスト・ケインジアンの経済学』菱山泉，山下博，山谷恵俊，瀬地山敏訳，東洋経済新報社（Luigi L. Pasinetti, *Lectures on the Theory of Production*, New York: Columbia University Press, 1977）.

塩沢由典（2014），『リカード貿易問題の最終解決―国際価値論の復権』岩波書店.

高増明（1991），『ネオ・リカーディアンの貿易理論』創文社.

吉信粛（1993），『貿易論講義　改訂版』玄文社.

吉信粛（1997），『国際分業と外国貿易』同文館.

Summary

Towards a Ricardo-Marx Type Trade Theory: Comparative Structure and Distribution

Masahiko Itaki (Ritsumeikan University)

The paper attempts to initiate a new framework of international trade theory in the name of "Ricardo-Marx type". It has a three-sector input-output structure with fixed technological coefficients and the price and quantity systems with natural resources and labor power as the primary factors of production. Its conclusion is, against the traditional theories, that a capitalist trading country cannot raise its profit rate and thus, will not specialize unless it has the comparative advantage in a capital-intensive sector. Countries, whether being advanced or developing, with the comparative advantage in the same capital-intensive sector would be in a serious trade conflict.

リカード・マルクス型貿易理論を目指して

◇コメント◇

関西大学社会学部　高増　　明

1. 板木論文のモデル

　板木論文のモデルは，中間財を導入した2国，3財のレオンチェフ・スラッファモデルで，正の利潤率が仮定されている。労働の賦存量は一定で，生産に対する制約が存在する。第1部門としては部品産業，第2部門は組立産業，第3部門は消費財産業が想定されている。このモデルを使って，不完全特化の状態で，貿易の拡大が，生産量や分配関係などに，どのような影響を与えるのかが検討されている。

　実際の分析では，自産業への投入はゼロ，消費財は生産には必要とされないと仮定されている。このとき，閉鎖経済における二つの国の価格は，つぎの式のようになる。ただしp_{ij}は第i国における第j財の価格，r_jは第j国の利潤率，w_jは第j国の賃金率，a_{ij}は第i国において第j財1単位の生産に必要とされる第1財の量，b_{ij}は第i国において第j財1単位の生産に必要とされる第2財の量，l_{ij}は第i国において第j財1単位の生産に必要とされる労働投入量である。

　第1国
$$\left(p_{11},p_{12},1\right)=\left(1+r_1\right)\left(p_{11},p_{12},p_{13}\right)\begin{bmatrix}0 & a_{12} & 0\\b_{11} & 0 & b_{13}\\0 & 0 & 0\end{bmatrix}+w_1\left(l_{11},l_{12},l_{13}\right)$$

　第2国
$$\left(p_{21},p_{22},1\right)=\left(1+r_2\right)\left(p_{21},p_{22},p_{23}\right)\begin{bmatrix}0 & a_{22} & 0\\b_{21} & 0 & b_{23}\\0 & 0 & 0\end{bmatrix}+w_2\left(l_{21},l_{22},l_{23}\right)$$

　この二つの国が貿易を行い，たとえば第1国が第1商品，第2国が第2商品と第3商品に完全に生産特化した場合には，商品の国際価格は，つぎの式

103

になる。

$$\left(p_1^T, p_2^T, 1\right) = \left(1+r^T\right)\left(p_1^T, p_2^T, 1\right)\begin{bmatrix} 0 & a_{22} & 0 \\ b_{11} & 0 & b_{23} \\ 0 & 0 & 0 \end{bmatrix} + \left(w_1^T l_{11}, w_2^T l_{22}, w_2^T l_{23}\right)$$

ただし，添え字 T がついているのは，貿易をしている状態を意味している。

2. 板木論文の問題意識

この論文で板木氏が明らかにしたいことは，(1) 中間財が存在し，利潤率が正の時には，比較優位も分配関係に依存する，(2) 為替政策が比較優位に影響を与える，(3) 貿易を拡大することによって，利潤率，賃金率にどのような影響があるのか，すなわち，資本集約度の高い産業に生産を特化していくと雇用が減るから賃金率の下落・利潤率の上昇が生じることを示す，といった点である。

3. 板木論文の問題点

ただし，その試みは必ずしも成功しているとは言えない。問題点はつぎのようなことであろう。

(1) 利潤率が正の場合には，労働価値と生産価格が比例しないため，労働価値による比較優位と価格による比較優位が逆転するケースが生じるが，その点についてはすでに多くの論文が書かれている。たとえば，Steedman（1979），高増（1991）を参照してもらいたい。

(2) 産業連関分析表では自部門の取引が非常に大きいが，板木論文では 0 にしている。この点なども含めて論文にはアドホックな仮定が多く，導かれた結論もより一般化されたモデルで妥当するのかが明らかではない。

(3) 重要な結論部分あるいは政策的含意が言葉によって説明されていて，モデルから厳密に導くことができるとは考えられない。

(4) 生産可能性集合が登場しない。したがって，労働制約がどのように分配関係に影響しているのかが明らかではない。

(5) 国際貿易の論文なのに，不完全特化を想定し，途中から 1 国だけについて

検討することになっている。分析は，開放経済における一般均衡モデルで考えるべきである。板木モデルの場合には，つぎのようになるだろう。開放経済における価格は，つぎの式を満たす必要がある。

$$q^T = \left(p^T,\ w^T \right) = (p_1^T, p_2^T, p_3^T, w_1, w_2)$$

$$q^T \begin{bmatrix} 1-\left(1+r^T\right)a_{11} & 1-\left(1+r^T\right)a_{12} & 1-(1+r^T)a_{13} & 1-\left(1+r^T\right)a_{21} & 1-(1+r^T)a_{22} & 1-(1+r^T)a_{23} \\ 1-\left(1+r^T\right)b_{11} & 1-\left(1+r^T\right)b_{12} & 1-\left(1+r^T\right)b_{13} & 1-\left(1+r^T\right)b_{21} & 1-(1+r^T)b_{22} & 1-(1+r^T)b_{23} \\ 0 & 0 & 0 & 0 & 0 & 0 \\ -l_{11} & -l_{12} & -l_{13} & 0 & 0 & 0 \\ 0 & 0 & 0 & -l_{21} & -l_{22} & -l_{23} \end{bmatrix} \leqq 0$$

各国において，生産費用が価格を上回る生産プロセスは使用されない。

$$p_1^T < \left(1+r^T\right)\left(p_1^T a_{i1} + p_2^T b_{i1}\right) + w_i l_{i1} \quad \rightarrow \quad x_{i1}^T = 0$$

$$p_2^T < \left(1+r^T\right)\left(p_1^T a_{i2} + p_2^T b_{i1}\right) + w_i l_{i2} \quad \rightarrow \quad x_{i2}^T = 0$$

$$p_3^T < \left(1+r^T\right)\left(p_1^T a_{i3} + p_2^T b_{i3}\right) + w_i l_{i3} \quad \rightarrow \quad x_{i3}^T = 0$$

また，各国の生産は，労働制約を満たさなければならない。

$$l_{11}X_{11}^T + l_{12}X_{12}^T + l_{13}X_{13}^T \leq L_1$$

$$l_{21}X_{21}^T + l_{22}X_{22}^T + l_{23}X_{23}^T \leq L_2$$

(6) 資本集約度の定義が労働価値によるものと価格によるものの2種類になっている。

(7) 搾取概念については，そもそも様々な問題があるが，労働が異質的であると考えられる国際間の搾取については，さらに意味が不明である。ネオ・リカーディアンのやっているように，消費される商品の数量の変化で考えるべきだろう。

4. 結語

　板木論文が，中間財のあるモデルを使って，不完全特化の状態で，貿易の拡大が一国の経済にどのような影響をもつことを検討しようとしたことは重要なことである。ただし，そこで，使われたモデルが妥当であるとは言えない。開放経済における価格，生産の決定についてのより厳密で一般的なモデルを使って分析は行われるべきであろう。そのためには，Shiozawa（2017）や高増（1991）のモデルが使われるべきである。

参考文献

Shiozawa, Y. (2017), "The New Theory of International Values: An Overview" in Shiozawa, Y., T. Oka and T. Tabuchi eds. (2017), *A New Construction of Ricardian Theory of International Trade*, Springer.

Steedman, I. (1979), *Fundamental Issues in Trade Theory*, London, Macmillan.

高増明（1991），『ネオ・リカーディアンの貿易理論』創文社.

投稿論文

ツーリズム経済の環境政策が要素報酬と
経済厚生に及ぼす効果の包括的分析 *

兵庫県立大学大学院経済学研究科博士後期課程　仲井　　翔

兵庫県立大学経営学部　岡本　久之

兵庫県立大学大学院会計研究科　清水　隆則 [†]

要旨

　汚染排出枠の削減が及ぼす効果に関する分析は，重要で興味深い。Chao and Sgro（2008）は，非貿易財を含む2財3要素小国開放経済モデルを構築し，最適汚染税に関する分析を行ったが，排出枠の変化が厚生や財生産，要素報酬に及ぼす効果を十分分析しなかった。本稿では，コブ＝ダグラス型効用関数の下で，排出枠の減少が交易条件に及ぼす効果を分析し，それにより経済厚生や財生産，要素報酬に及ぼす効果を，間接効果を含めて包括的に検討する。

キーワード：ツーリズム，汚染排出枠，要素報酬，経済厚生，交易条件

1.　はじめに

　最近日本において脚光を浴びているツーリズムは，先進国と発展途上国の

---

*　日本国際経済学会関西支部研究会での報告に際して，京都産業大学の武田史郎教授より幾つかの貴重なコメントを頂きました。また，本誌のレフェリーより論文改善の為の貴重なコメントとサジェッションを頂きました。両者に記して感謝する次第です。勿論，有り得べき過誤は筆者のものです。

[†]　E-mail: tshimizu@acs.u-hyogo.ac.jp

両者において重要な産業である。多くの国においてツーリズムは GDP の 10%近くを占め、さらには各国内の労働者に雇用機会を提供し、外貨獲得の重要な源ともなっている[1]。しかし、ツーリズムは良い面ばかりを持つ訳ではない。ツーリストが来ることで静穏な環境が観光バスや自動車が頻繁に通るようになって損なわれると同時に、排気ガスの量が増えることで環境汚染が進行する、と考えられるからである[2]。国内外からツーリストが増えることは、自国の産業が潤う一面もあるが、その半面ツーリズム産業をはじめとする各産業が活発化し、結果として汚染排出量が増大し、国内の厚生水準を引き下げる側面も持っている点は忘れてはならない。

　ツーリズム産業を含む貿易モデルを構築し、環境汚染とその最適規制を分析した論文に、Chao and Sgro（2008）がある。彼らが分析しているモデルは、貿易財部門と非貿易財部門（ツーリズム産業）からなる特殊要素モデルで、共通要素として汚染が用いられると言うものである。ここで生産要素として汚染が用いられると言うのは、奇異に思われるかもしれないが、汚染は各財・サービスを生産する際の必然的な副産物であると見做せばよいものであり、それをモデルに組み込む際に、あたかも他の生産要素とこの汚染を投入として財・サービスが生産されているとして取り扱うものである[3]。彼らは、この比較的単純なモデルを用いて、汚染排出枠の賦課がどの様な効果をもたらすのか、なかんずく当該国の厚生を最大にする排出権価格の水準（最適排出権価格）の検討を行っている[4]。

---

[1] WTTC（World Travel & Tourism Council）の調べによると、世界におけるツーリズム産業の総合経済効果は約 7.6 兆ドルで、これは世界 GDP の 10.2%に当たる。また、ツーリズム産業の総合雇用創出効果は、世界全体で約 2 億 9,222 万人と試算されており、世界全体の雇用の 9.6%を占める重要な産業である、と主張されている（World Travel & Tourism Council, 2017 参照）。

[2] インバウンドの観光客の増加は、航空機の発着や旅客船の寄港の回数を増加させることになり、やはりエネルギー資源の消費増大から、環境汚染を進行させることになると考えられる。

[3] この点の説明については、例えば Copeland and Taylor（2003）Ch.2 及び Ishikawa and Kiyono（2006）を参照のこと。

ツーリズム経済の環境政策が要素報酬と経済厚生に及ぼす効果の包括的分析

　彼らの構築したモデルは，大変使い勝手の良いモデルで，いろいろの経済分析に用いることが可能と考えられる。特に，汚染の排出量が減った場合に，経済にどの様な影響が表れるのかは，興味深い点である。が，残念ながらChao and Sgro（2008）ではそうした分析が行われていない。本稿の主たる目的は，彼らのやり残した分析を正確に行うことである。

　ところで，2種類の最終生産物からなる特殊要素モデルの分析は，Jones（1971）で最初に定式化され現在様々な領域で用いられているが，小国モデルの枠組みでは国際価格が所与一定と言うことで，その分析は非常に明快で現実妥当性が高いものである。本稿での分析においても，類似の結論となるが，一点異なるところがある。それは通常の特殊要素モデルで小国の場合は財価格が変化しないのであるが，本稿では非貿易財として扱われるツーリズム産業[5]が含まれるため，財の相対価格は内生的に決まる点である。その点を考慮すると，通常の特殊要素モデルとは異なる興味深い分析結果を得ることが出来る。

　さて，先に説明したモデルで，共通要素としての汚染排出量が縮小した場合，これはどの様な効果を及ぼすであろうか。通常の特殊要素モデルでは，共通要素の報酬率は上昇するが，各産業に特殊的な要素の報酬率が下落する。それと同時に，両財の生産が減少することになる。財の相対価格は小国で一定であるから，経済厚生は当然低下することとなる。しかし，ここで展開されるモデルは，こうした結論とは次の2つの点で異なる。1つは一方の財が非貿易財（ツーリズム財）であることから，交易条件が変化することで

---

[4]　最適排出権価格を求める際に，彼らは1階の条件のみしか検討していない。従って，彼らが求めた最適排出権価格は，厚生を最小にしている可能性がある。効用関数にもう少し厳しい条件を付けない限り，求めたものが最適かどうか疑問の余地がある。

[5]　ツーリズム産業に焦点を当てた貿易モデルによる経済分析は，最近盛んになってきている。纏まった文献としてはHazari and Sgro（2004）やHazari and Hoshmand（2011）などがある。また，先駆的な文献にはCopeland（1991）がある。近年では，環境問題と関連させた文献として，Beladi, Chao, Hazari and Laffargue（2009），Chao, Hazari, Laffargue and Yu（2008），Chao, Laffargue and Sgro（2012），Chao and Sgro（2008）やYanase（2017）などがある。

109

ある。交易条件がツーリズム財に有利に変化するかどうかは需要条件などによって変わり得る[6]。その結果として，この国の GDP が増えるかどうかは，一概には言えない。

またもう1つは，このモデルには汚染が入っている点である。汚染量の縮小は直接に経済厚生を引き上げる効果がある。しかし，汚染排出量が縮小することは，この国で生産可能な財の数量が，従って消費可能な財の数量が減少することを意味し，経済厚生はどちらの効果が大きいかによって変わり得る。本稿では，汚染排出量の削減が経済厚生を改善するための十分条件及び必要条件を求めている。

以上に加えて，本稿では貿易財の生産には熟練労働，非貿易財の生産には未熟練労働を用いると想定するので，熟練労働の賃金と未熟練労働の賃金の格差についての分析が可能となっている。例えば，非貿易財価格が上昇することは格差縮小に貢献することが示されている。また，汚染排出量の縮小は格差を縮小するか，するとしてどの様な条件ならそうなるのかと言った分析が可能であり，行われている。

上述のように，本稿で分析されるモデルは単純なモデルであるが，幾つかの興味深い結論を導き出すことが可能な，比較的現実的なモデルである。以下では，次の第2節でモデルを説明し，次いで第3節でこのモデルの供給サイドを中心にした基本分析を行い，第4節で需要サイドを含めた分析を行う。また，第5節では汚染排出量の変化の総合効果について分析を行う。そして最後の節で分析のまとめを行う。

2. モデル

本稿では，貿易財 (X_1) と非貿易財 (X_2) を生産する小国開放経済を考え

---

[6] Chao and Sgro（2008）や Chao, Laffargue and Sgro（2012）では準線型の効用関数を仮定しており，非貿易財には所得効果が存在しないため，汚染排出量の増大により交易条件は非貿易財に対して不利な場合しか生じない。本稿では，効用関数はコブ＝ダグラス型を仮定している。そのため，所得効果が存在し，汚染排出量の縮小による交易条件の変化はプラスの場合もマイナスの場合も生じ得る。

る[7]。貿易財の生産には，熟練労働（S）が，また，非貿易財の生産には未熟練労働（L）が用いられるものと仮定する。財・サービスの生産に際しては，汚染が排出されるものとし，第i財をX_i単位生産することによりZ_i単位の汚染が排出されるものとする。従って，貿易財の生産からはZ_1単位，非貿易財の生産からはZ_2単位の汚染が排出されるから，この経済における全ての汚染排出量は$Z=Z_1+Z_2$となる[8]。この国の政府は，汚染の排出1単位に対して排出権価格rを設定することにより，環境規制を行うものとすると，各企業は汚染排出量に対して排出権価格を支払う必要がある。従って，各企業は汚染排出量をあたかも一種の生産投入物として用いて，財・サービスの生産を行っているかのようになるが，汚染排出量をこのように扱って問題がないことは，既に Copeland and Taylor（2003）Ch.2 や Ishikawa and Kiyono（2006）で示されている。本稿もこのアプローチ法に従うことにすると，第1財及び第2財の生産関数はそれぞれ$X_1=X_1$（S,Z_1）及び$X_2=X_2$（L,Z_2）として表すことが出来る。ここでは無用の混乱を避けるために，各財の生産関数は通常の新古典派の性質（1次同次で擬凹かつ2回連続微分可能）を持つものとする。

この小国経済は，国内居住者と外国からのツーリストの2種類の消費者からなるものと仮定する。その内の国内居住者は両財を需要し，それらの需要は$D_i(i=1, 2)$によって表わされるとする。他方，ツーリストは非貿易財のみ，すなわちツーリズム財のみしか消費しないものとする。いま，簡単化のためにツーリストの需要D_2^*はツーリズム財の相対価格pと需要シフト・パラメタαのみの関数で，$D_2^*(p,\alpha)$と表されるものと仮定する。ただし，$\partial D_2^*/\partial p<0$及び$\partial D_2^*/\partial\alpha>0$を満足するものとする。

ところで，国内居住者の効用関数はコブ＝ダグラス型で，各財の消費量と汚染排出に依存するものとし，$u=D_1^a D_2^b Z^{-p}$（$a,b>0, a+b=1$）と表されるものと仮定する。ここでパラメタ$\rho\geq0$は，汚染排出による負効用の程度を表わすものとする。

---

[7] 本稿では，貿易財を工業製品，非貿易財をツーリズム財と考える。

[8] 以後Zを汚染排出枠，Z_iを第i産業の汚染排出量と呼ぶ。

本稿では，全ての市場で完全競争が行われているものと仮定して，モデルの均衡条件式を検討し，比較静学分析を行うこととする。最初に供給サイドの均衡条件式を検討しよう。

いま，w_1を熟練労働の賃金，w_2を未熟練労働の賃金，rを排出権価格とし，pを貿易財X_1をニューメレールとした非貿易財X_2の相対価格とすると，完全競争均衡条件式から，次の2本の方程式が得られる。

$$a_{S1}w_1 + a_{Z1}r = 1 \tag{1}$$

$$a_{L2}w_2 + a_{Z2}r = p \tag{2}$$

ここでa_{ij}は，第j財（$j = 1, 2$）1単位を生産する際に必要とされるi生産要素（$i = S, L, Z$）の数量を表すものとする。なお，賃金格差について分析検討するために，熟練労働の賃金w_1は未熟練労働の賃金w_2よりも高い（$w_1 - w_2 > 0$）ものと想定する。

次に，熟練労働の賦存量をS，未熟練労働のそれをL，そして汚染排出枠をZとすると，各生産要素の完全雇用ないし完全利用条件に相当する式は，次のように表される。

$$a_{Z1}X_1 + a_{Z2}X_2 = Z \tag{3}$$

$$a_{S1}X_1 = S \tag{4}$$

$$a_{L2}X_2 = L \tag{5}$$

ところで，この経済における市場均衡条件式は，予算制約式と非貿易財に対する需給均衡条件式で表わすことが出来る。従って，次の2式が成立しなければならない。

$$E(p, Z, u) = X_1 + pX_2 \tag{6}$$

$$D_2 + D_2^* = X_2 \tag{7}$$

ここで，関数 $E(p,Z,u)$ は支出関数で，

$$E(p,Z,u) \equiv \min\{D_1 + pD_2 \mid u = D_1^a D_2^b Z^{-\rho}\}$$

と定義されているものとする。

　以上が，この小国モデルの均衡条件式であるが，このシステム全体は，S，L，Z の3個のパラメタが外生的に与えられると，(1)～(7) の方程式体系によって w_1, w_2, r, p, X_1, X_2, u の7個の内生変数が決まる体系となっている。また，この体系は (1)～(5) が供給サイドの方程式体系で，(6) と (7) が需要サイドも含めた方程式体系になっている。この方程式体系をよく見ると，(1)～(5) の体系であたかも p が外生変数であるかのように扱うと，通常の特殊要素モデル[9] と同じように解くことが出来る。そこで，以下の分析では，(1)～(5) の体系では交易条件 p を所与とした形で解いて，汚染排出枠 Z の変化が w_1, w_2, r, X_1, X_2 にどの様な影響を与えるかを検討した上で，(6)，(7) の体系から Z の変化が p にどの様な影響をもたらすかを検討し[10]，その結果と供給サイドの分析結果を合わせて，最終的に汚染排出枠 Z の変化が体系の内生変数にどの様な効果をもたらすかを検討する。

3. 比較静学分析—供給サイドの分析—

　ここでは，先に説明した手順に従って，供給サイドの比較静学分析を行うことにしよう。まず，完全競争条件 (1) と (2) を全微分し整理すると，次のように表される。

$$\theta_{S1}\hat{w}_1 + \theta_{Z1}\hat{r} = 0 \tag{8}$$

---

[9] 特殊要素モデルの分析に関しては，Jones（1971）を参照のこと。

[10] (6) 式と (7) 式には X_1 や X_2 と言った変数が含まれているので，この2本の式から Z と p が決まるとは一見分からないかもしれない。しかし，X_1 や X_2 は，そもそも Z と p の関数であることから，この2本の方程式により，Z と p が決まることになる。この点については，(6)，(7) 式を後出の (18)，(19) 式のように書き換えることによってより明確に理解出来るであろう。

$$\theta_{L2}\hat{w}_2 + \theta_{Z2}\hat{r} = \hat{p} \tag{9}$$

ここで任意の変数 x に関して $\hat{x}$ は dx/x を表し，θ_{ij} は第 j 財部門（$j=1, 2$）における i 生産要素のコスト・シェアを，従って例えば θ_{Z2} は $\theta_{Z2} = rZ_2/pX_2$ を表わすものとする[11]。

次に，各部門における要素代替の弾力性（汚染排出量の特殊要素に対する代替の弾力性）を σ_j とし，次式のように定義する[12]。

$$\sigma_1 = \frac{\hat{a}_{Z1} - \hat{a}_{S1}}{\hat{w}_1 - \hat{r}}, \quad \sigma_2 = \frac{\hat{a}_{Z2} - \hat{a}_{L2}}{\hat{w}_2 - \hat{r}}$$

いま，この σ_j と第 j 財部門における i 生産要素の配分シェアを表す λ_{ij} を用いると，生産要素の完全雇用条件式より，次の関係式を導くことが出来る。

$$\lambda_{Z1}\hat{X}_1 + \lambda_{Z2}\hat{X}_2 - (\lambda_{Z1}\theta_{S1}\sigma_1 + \lambda_{Z2}\theta_{L2}\sigma_2)\hat{r}$$
$$+ \lambda_{Z1}\theta_{S1}\sigma_1\hat{w}_1 + \lambda_{Z2}\theta_{L2}\sigma_2\hat{w}_2 = \hat{Z} \tag{10}$$

$$\hat{X}_1 + \theta_{Z1}\sigma_1\hat{r} - \theta_{Z1}\sigma_1\hat{w}_1 = \hat{S} \tag{11}$$

$$\hat{X}_2 + \theta_{Z2}\sigma_2\hat{r} - \theta_{Z2}\sigma_2\hat{w}_2 = \hat{L} \tag{12}$$

以上（8）～（12）式をもとに，相対価格 p と汚染排出枠 Z の変化が X_1, X_2, w_1, w_2 及び r にどの様な影響を及ぼすのかを分析しよう。そのために（8）～（12）を見易いように行列表示すると，以下のように表される。

---

[11]　もし生産関数がコブ＝ダグラス型ならば，すなわち $X_1 = A_1S^\alpha(Z_1)^{1-\alpha}$, $X_2 = A_2L^\beta(Z_2)^{1-\beta}$ ならば（ただし $A_1 \equiv \alpha^{-\alpha}(1-\alpha)^{-(1-\alpha)}$, $A_2 \equiv \beta^{-\beta}(1-\beta)^{-(1-\beta)}$ である），$\theta_{S1} = \alpha$, $\theta_{Z1} = 1-\alpha$, $\theta_{L2} = \beta$, $\theta_{Z2} = 1-\beta$ となる。

[12]　もし生産関数がコブ＝ダグラス型ならば，要素代替の弾力性は $\sigma_1 = \sigma_2 = 1$ となる。

114

$$
\begin{bmatrix}
0 & 0 & \theta_{Z1} & \theta_{S1} & 0 \\
0 & 0 & \theta_{Z2} & 0 & \theta_{L2} \\
\lambda_{Z1} & \lambda_{Z2} & -(\lambda_{Z1}\theta_{S1}\sigma_1 + \lambda_{Z2}\theta_{L2}\sigma_2) & \lambda_{Z1}\theta_{S1}\sigma_1 & \lambda_{Z2}\theta_{L2}\sigma_2 \\
1 & 0 & \theta_{Z1}\sigma_1 & -\theta_{Z1}\sigma_1 & 0 \\
0 & 1 & \theta_{Z2}\sigma_2 & 0 & -\theta_{Z2}\sigma_2
\end{bmatrix}
\begin{bmatrix}
\hat{X}_1 \\
\hat{X}_2 \\
\hat{r} \\
\hat{w}_1 \\
\hat{w}_2
\end{bmatrix}
=
\begin{bmatrix}
0 \\
1 \\
0 \\
0 \\
0
\end{bmatrix}
\hat{p}
+
\begin{bmatrix}
0 \\
0 \\
1 \\
0 \\
0
\end{bmatrix}
\hat{Z}
$$

$$\tag{13}$$

いま，（13）式左辺の 5×5 の行列 H の行列式 Δ（$\equiv \det H$）を求めると，以下のようになる。

$$\Delta = \det H = -\lambda_{Z1}\theta_{L2}\sigma_1 - \lambda_{Z2}\theta_{S1}\sigma_2 < 0$$

従って，$\det H \neq 0$ であるから，この体系は右辺の各パラメタの変化に関して解くことが出来る。いま，相対価格 p の変化が他の内生変数に与える影響をみると，次のようになる。

$$
\begin{bmatrix}
\hat{X}_1 / \hat{p} \\
\hat{X}_2 / \hat{p} \\
\hat{r} / \hat{p} \\
\hat{w}_1 / \hat{p} \\
\hat{w}_2 / \hat{p}
\end{bmatrix}
=
\frac{1}{\Delta}
\begin{bmatrix}
\lambda_{Z2}\theta_{Z1}\sigma_1\sigma_2 \\
-\lambda_{Z1}\theta_{Z2}\sigma_1\sigma_2 \\
-\lambda_{Z2}\theta_{S1}\sigma_2 \\
\lambda_{Z2}\theta_{Z1}\sigma_2 \\
-(\lambda_{Z1}\sigma_1 + \lambda_{Z2}\theta_{S1}\sigma_2)
\end{bmatrix}
$$

$$\tag{14}$$

以上の関係式から，相対価格 p の上昇は，ツーリズム財の生産（X_2）を増加させ，当該財産業で用いられる特殊要素（未熟練労働）の報酬（w_2）を増加させると同時に，排出権価格（r）を上昇させることが分かる。一方，相対価格の上昇は貿易財の生産（X_1）を減少させ，当該財産業で用いられる特殊要素（熟練労働）の報酬（w_1）を減少させることが分かる。これは，汚染排出枠が一定であるため，価格の上昇したツーリズム産業により多く汚染が用いられることになり，貿易財産業で用いる汚染排出枠が減少することによるものである。また，このことから，ツーリズム財の相対価格の上昇と共に賃

115

金格差 [13] (w_1/w_2) は縮小することが分かる。以上のことを命題の形で表現すると，次のように表される。

命題1：このモデルの生産部門では，非貿易財の相対価格の上昇は，貿易財の生産を減少させ，非貿易財の生産を増加させる。これに伴って，非貿易財に特殊的な要素（未熟練労働）の報酬と排出権価格は上昇するが，貿易財特殊的要素（熟練労働）の報酬は減少する。その結果，賃金格差は縮小することになる。

次に相対価格 p は一定とし，汚染排出枠 Z の変化が他の内生変数に与える影響をみると，次のようになる。

$$
\begin{bmatrix}
\hat{X}_1/\hat{Z} \\
\hat{X}_2/\hat{Z} \\
\hat{r}/\hat{Z} \\
\hat{w}_1/\hat{Z} \\
\hat{w}_2/\hat{Z}
\end{bmatrix}
=
\frac{1}{\Delta}
\begin{bmatrix}
-\theta_{Z1}\theta_{L2}\sigma_1 \\
-\theta_{S1}\theta_{Z2}\sigma_2 \\
\theta_{S1}\theta_{L2} \\
-\theta_{Z1}\theta_{L2} \\
-\theta_{S1}\theta_{Z2}
\end{bmatrix}
\tag{15}
$$

以上から，汚染排出枠（Z）が削減されると，共通要素として汚染を用いている貿易財（X_1）もツーリズム財（X_2）もその産出が縮小することが分かる。また，これにより各財産業で用いられている特殊要素の報酬（w_1 及び w_2）が下落することが分かる。一方，相対価格（p）が変化しないため，汚染排出枠の削減により排出権価格は上昇することが分かる。ところで，汚染排出枠の削減に伴って，賃金格差（w_1/w_2）はどの様に変化するのであろうか。(15) 式を用いると，次の関係式が得られる。

---

[13] ここでは，熟練労働と未熟練労働の賃金格差を相対的な比率（w_1/w_2）で表すものとする。

ツーリズム経済の環境政策が要素報酬と経済厚生に及ぼす効果の包括的分析

$$\frac{Z}{(w_1/w_2)}\frac{\partial(w_1/w_2)}{\partial Z} = \frac{\hat{w}_1}{\hat{Z}} - \frac{\hat{w}_2}{\hat{Z}} = -\frac{\theta_{Z1}-\theta_{Z2}}{\Delta} \tag{16}$$

上の関係式の右辺の分子の（$\theta_{Z1}-\theta_{Z2}$）は汚染排出枠のコスト・シェアに依存して，正負何れの値も取り得る。いま仮に $\theta_{Z1}-\theta_{Z2}>0$ が成立することを，第1産業（貿易財産業）は汚染集約的と呼ぶことにすると[14]，この場合は明確に格差が縮小することが分かる[15]。他方，今と逆の不等式が成立する場合，すなわち第2財産業（非貿易財産業）が汚染集約的である場合，格差は拡大することが分かる。

　以上のことを命題の形でまとめると，以下のように表すことが出来る。

命題2：このモデル生産部門では，非貿易財の相対価格が一定として，汚染排出枠の削減は貿易財と非貿易財の生産量を減少させ，各財に特殊的な生産要素の報酬を下落させるが，排出権価格は上昇する。また，汚染排出枠の削減による賃金格差の変化に関しては，（16）式より貿易財産業が汚染集約的（汚染非集約的）である場合，縮小（拡大）する。

4. 比較静学分析―需要サイドを含めた分析―

　次に需要サイドを含めて，外生変数の変化が内生変数に及ぼす効果を分析しよう。まず，先に第2節で定義した支出関数 $E(p,Z,u)$ と各財の需要関数を具体的に求めると，以下のようになる。

$$\left.\begin{array}{l} E(p,Z,u) = \Gamma p^b Z^\rho u \\ D_1 \equiv E - pE_p = a\Gamma p^b Z^\rho u \\ D_2 \equiv E_p = b\Gamma p^{-a} Z^\rho u \end{array}\right\} \tag{17}$$

---

[14] もし生産関数がコブ＝ダグラス型ならば，$\theta_{Z1}-\theta_{Z2}>0$ は $\beta>\alpha$ と同値である。

[15] Chao, Hazari, Laffargue and Yu（2008）及び Chao and Sgro（2013）では非貿易財産業からは汚染は全く排出されず，貿易財産業からのみ排出されるケースを考察している。

ただし $\Gamma \equiv a^{-a}b^{-b}$ である（EとRの下付き添字は偏微分を表す）。次に，この経済の収入関数（GDP関数）を以下のように定義する。

$$R(p,Z) \equiv \max\left\{ X_1 + pX_2 \mid Z_1 + Z_2 = Z \right\}$$

包絡線定理より，$R_p = X_2$ 及び $R_Z = r$ となり，右上がりの供給曲線より $R_{pp} = \partial X_2 / \partial p > 0$ とならなければならない。すると，需要サイドの均衡条件式（6）と（7）は，この収入関数と支出関数を用いると，次のように表現することが出来る。

$$E(p,Z,u) = R(p,Z) \tag{18}$$

$$E_p(p,Z,u) + D_2^*(p,\alpha) = R_p(p,Z) \tag{19}$$

いま，（18）式を全微分し整理すると次式が得られる。

$$E_u du = D_2^* dp - (E_Z - r)dZ \tag{18'}$$

この式から分かるように，汚染排出枠の変化が経済厚生に与える効果は，2つに分けることが出来る。1つ目は，Z の変化が経済厚生に直接影響を与える効果である。この効果は汚染排出による消費者の限界損失から汚染排出による生産者の限界費用を差し引いた，右辺第2項の $E_Z - r$ の符号に依存する。$E_Z - r$ が正であれば，汚染排出枠の削減は，直接効果として経済厚生を高める。2つ目は，交易条件の変化を通じた間接効果である（右辺第1項）。汚染排出枠の削減によって交易条件が改善（悪化）すれば，経済厚生は上昇（減少）する。後出の（21）式で説明するように，Chao and Sgro（2008）では汚染排出枠削減による交易条件効果は必ず正となる。本稿では交易条件効果は負となる可能性もあるが，それでも $E_Z - r$ が十分プラスであれば，全体

として汚染排出枠の削減が経済厚生を高めることは可能である。

また，（19）式を全微分し整理すると，次式が得られる。

$$(E_{pp} + \partial D_2^* / \partial p - R_{pp})dp + E_{pu}du = (R_{pZ} - E_{pZ})dZ - (\partial D_2^* / \partial \alpha)d\alpha$$

以上 2 つの式を行列表示すれば，以下のようにまとめられる。

$$\begin{bmatrix} -D_2^* & E_u \\ A & E_{pu} \end{bmatrix}\begin{bmatrix} dp \\ du \end{bmatrix} = \begin{bmatrix} r - E_Z \\ R_{pZ} - E_{pZ} \end{bmatrix}dZ + \begin{bmatrix} 0 \\ -\partial D_2^* / \partial \alpha \end{bmatrix}d\alpha \tag{20}$$

ただし，$A \equiv E_{pp} + \partial D_2^* / \partial p - R_{pp} < 0$ と定義されている [16]。（20）式の左辺の係数行列の行列式を Δ^* とすると，$\Delta^* = -D_2^* E_{pu} - E_u A$ となる。この Δ^* の右辺第 1 項はマイナスで第 2 項がプラスのため，その符号が確定しない。しかし，ここで需給システムのワルラスの安定条件を仮定すると，$\Delta^* > 0$ とならなければならないことが分かる [17]。そこで以下では，この体系はワルラスの意味で安定であることを仮定して分析することにしよう。

ここで，（20）式で表わされる体系の比較静学分析を行うことにしよう。まず，第 3 節では一定であると仮定していたツーリズム財の相対価格 p は，汚染排出枠の変化によってどの様な影響を受けるかを検討しよう。

$$\frac{dp}{dZ} = \frac{-1}{\Delta^*}\Big\{ E_{pu}\big(E_Z - r\big) + E_u\big(R_{pZ} - E_{pZ}\big)\Big\} = \frac{1}{\Delta^*} \cdot \frac{rE}{pu}\Big(b - \frac{p}{r}\frac{\partial r}{\partial p}\Big) \tag{21}$$

ここで，$b \equiv pE_p / E$ は総支出額に占める国内居住者のツーリズム財の消費の

---

[16] $E_{pp} = b(b-1)E / p^2 < 0$ であり，$\partial D_2^* / \partial p < 0$ かつ $R_{pp} = \partial X_2 / \partial p > 0$ である点に注意。

[17] いま，体系の調整式を $\dot{p} = \beta[E_p(p, Z, u) + D_2^*(p, \alpha) - R_p(p, Z)]$ と置くものとする（ただし β は調整速度を表すパラメタで正であるとする）。この調整式の経済的意味は，第 2 財に対する超過需要の存在は第 2 財の価格を上昇させることを意味している。このような調整が背後で行われている場合，この体系が安定的であるための必要十分条件は，当然 $d\dot{p} / dp < 0$ となることである。この時，第 2 財に対する超過需要を $B \equiv E_p(p, Z, u) + D_2^*(p, \alpha) - R_p(p, Z)$ とすると，$d\dot{p} / dp < 0$ と $dB / dp < 0$ は同値である。（18）及び（19）式より $dp / dB = -E_u / \Delta^*$ となるので，この体系が安定的であるための必要十分条件は $\Delta^* > 0$ である。

割合である。$(p/r)(\partial r/\partial p)$ は，排出権価格のツーリズム財価格弾力性で，これが国内居住者のツーリズム財に対する支出割合よりも大きいか否かで，汚染排出枠の削減が交易条件を悪化させるか否かが決まることが分かる。

　この結果は，先行研究の Chao and Sgro（2008）と大きく異なる。Chao and Sgro（2008）では，汚染排出枠の削減は交易条件を必ず改善させたのに対し，本稿では交易条件が改善する場合もあるし，悪化する場合もある。このような違いが生じる理由は，以下のように説明することが出来る。汚染排出枠の削減が交易条件に与える効果は，（21）式の中央の式に着目すると，2つの効果に分けることが出来る[18]。1つ目の効果は，汚染排出枠の削減が非貿易財の生産量を減少させ，その価格を上昇させる効果である。これを生産量効果と呼ぼう。この効果は（21）式の R_{pZ} の項で表される。2つ目の効果は，所得の変化によりツーリズム財への需要が変化し，価格に影響を与える効果である。これを所得効果と呼ぼう。所得効果は2種類存在するが，1つ目の所得効果は（21）式の E_{pZ} であり，汚染排出枠の削減による生産量の減少のため，所得が減少しツーリズム財の価格を下落させる効果を表す。もう1つの所得効果としては，汚染排出枠の削減により，消費者の厚生損失を減少させる効果 (E_Z) [19]と，排出権販売の収入を減少させる $(-r)$ 効果の2つの相反する効果の複合である。先行研究では準線形の効用関数を仮定しているため，汚染排出枠の削減は交易条件を必ず改善させた。それは，効用関数が準線形であるため，1つ目の所得効果 (E_{pZ}) は存在せず，別の所得効果 $(E_Z - r)$ は E_{pu} がゼロになることにより，交易条件に影響を与えないので，生産量効果のみが残り，$dp/dZ < 0$ となるからである。これに対し，本稿では生産量効果と所得効果の両方が存在するため，汚染排出枠の削減により交易条件は改善する場合も悪化する場合もあり得る。なお，（21）式の右端の式においてbは所得効果に関連し，$(p/r)(\partial r/\partial p)$ は生産量効果に関連している。よって，次の命題が得られる。

---

[18]　ここでの効果の分類は，Beladi, Chao, Hazari and Laffargue（2009）に従っている。

[19]　換言すると，追加1単位の汚染の削減による所得の限界的増加の効果を表す。

ツーリズム経済の環境政策が要素報酬と経済厚生に及ぼす効果の包括的分析

命題3：このモデルの枠組み内で，汚染排出枠の削減により交易条件が悪化
　　　　するのは，排出権価格のツーリズム財価格弾力性が国内居住者の
　　　　ツーリズム財に対する支出割合よりも小さい場合に限られる。

　次に，汚染排出枠の変化が厚生に及ぼす効果を見るために（20）式を解く
と，次のような関係式を導くことが出来る。

$$\frac{du}{dZ} = \frac{1}{\Delta^*}\left[-D_2^*\left(R_{pZ} - E_{pZ}\right) + \left(E_{pp} + \frac{\partial D_2^*}{\partial p} - R_{pp}\right)\left(E_Z - r\right)\right]$$

(22)

（22）式より，du/dZの符号は，右辺の第1項の$R_{pZ} - E_{pZ}$の符号と，第2項
の$E_Z - r$の符号に依存して，正負いずれの値も取り得る。そこで，これらの
符号について順次検討しよう。

　まず，$R_{pZ} - E_{pZ}$は$R_{pZ} - E_{pZ} = \frac{\partial}{\partial Z}\left(R_p - E_p\right)$と変形することが出来る。従って，
$R_{pZ} - E_{pZ}$はZの変化によってツーリズム財の国内超過供給（$R_p - E_p$）がどの
様に変化するかを表している。この値がプラスであるなら，汚染排出枠の削
減によってツーリズム財の国内超過供給が減少し，交易条件を改善し，経済
厚生を上昇させる。

　次に，$E_Z - r$であるが，これは汚染排出による消費者の限界的厚生損失
（E_Z）から生産者が負担する排出権価格（r）を引いたものである。この値が
正である時，汚染排出は過剰になっている傾向があるので，汚染排出枠を削
減することによって経済厚生を改善させることが出来る。

　汚染排出枠の削減が経済厚生を上昇させるかどうかについては，（a）R_{pZ}
$- E_{pZ} > 0$及び（b）$E_Z - r > 0$と言う2つの条件が関わっていることが分かる。
（a）と（b）が同時に成立していれば，必ず$du/dZ < 0$となる[20]。従って，（a）
かつ（b）は汚染排出枠の削減が経済厚生を改善させるための十分条件であ
る。一方，$du/dZ < 0$となるためには，（a）か（b）のどちらかが成立して

---

[20]　この時，汚染の削減が交易条件も改善することは（21）式より確認することが出来る。

いなければならない[21]。従って，(a) または (b) は汚染排出枠の削減が経済厚生を改善させるための必要条件である。以上をまとめると，次の命題が得られる。

命題4：(a) $R_{pZ}-E_{pZ}>0$ 及び (b) $E_Z-r>0$ と言う2つの条件を考える。このモデルの枠組み内で，汚染排出枠の削減が経済厚生及び交易条件を改善するための十分条件は，(a) かつ (b) が成立することである。一方，汚染排出枠の削減が経済厚生及び交易条件を改善するための必要条件は，(a) または (b) が成立することである。

　ツーリズム経済における環境規制による経済厚生及び交易条件の変化が，ツーリズム財の国内超過供給の変化と，汚染排出による限界的厚生損失と排出権価格の大小関係に依存すると言うことは，Beladi, Chao, Hazari and Laffargue（2009）及び Yanase（2017）でも示されている。ただし，彼らのモデルにおいてはツーリズム産業のみから汚染が排出される。これに対して本稿の分析結果は，ツーリズム産業だけでなく，貿易財産業からも汚染が排出される場合でも同様の結果が得られることを示しており，彼らの結果を一般化したものである。

　ところで，このモデルのもう1つの外生変数である海外からのツーリストの需要のシフト・パラメタ α の増加があった場合，すなわちツーリズムブームが生じた場合，ツーリズム交易条件と経済厚生がどの様に変化するかを見て置こう。(20) 式より，明らかに次の関係式が得られる。

$$\frac{dp}{d\alpha}=\frac{E_u}{\Delta^*}\cdot\frac{\partial D_2^*}{\partial \alpha}>0, \quad \frac{du}{d\alpha}=\frac{D_2^*}{\Delta^*}\cdot\frac{\partial D_2^*}{\partial \alpha}>0$$

従って，次の命題が証明されたことになる。

---

[21] 交易条件の変化についても同じことが言える点に注意。

命題5：このモデルの枠組み内で，ツーリズムブームが生じたならば，当該国の交易条件は改善し，経済厚生は明確に増加する。それと同時に，賃金格差も縮小する[22]。

　命題5の経済厚生に関する結果は，環境規制として排出税を考察しているBeladi, Chao, Hazari and Laffargue（2009）とは大きく異なる。その違いは（18）式を全微分した（18′）式から見て取れる。Beladi, Chao, Hazari and Laffargue（2009）では，ツーリズムブームが経済厚生に与える効果は交易条件改善の効果と汚染量増加の効果が併存するため，経済厚生の変化は正負何れにもなり得る。それに対して，本稿ではツーリズムブームが経済厚生に与える効果は交易条件効果のみであるので，経済厚生は必ず増加する。

　命題5と（14）式の結果を総合すると，次式が成立する。

$$\frac{dX_1}{d\alpha} = \frac{\partial X_1}{\partial p} \cdot \frac{dp}{d\alpha} < 0, \quad \frac{dX_2}{d\alpha} = \frac{\partial X_2}{\partial p} \cdot \frac{dp}{d\alpha} > 0$$

従って，ツーリズムブームはツーリズム部門（非貿易財部門）を拡張させ，工業部門（貿易財部門）を縮小させることが分かる。すなわち，ツーリズムブームは「オランダ病」を引き起こすことになることが分かる[23]。

系5：このモデルの枠組み内で，ツーリズムブームが生じたならば，ツーリズム産業は拡張するが，工業部門は衰退することになる。

5.　比較静学分析―汚染排出枠の削減の総合効果―

　さて，これまでの分析を踏まえて，汚染排出枠の削減がこのモデルの各変数に及ぼす効果を総合的に検討することにしよう。

---

[22]　命題1と組み合わせて考えれば明らかである。

[23]　類似の結論は，Chao and Sgro（2013）p. 609でも得られている。

第3節及び第4節の分析から明らかなように，汚染排出枠Zの削減が各内生変数に及ぼす影響は，直接効果の部分と価格変化を通じ間接的に与えられる効果の部分の2つの部分からなる。実際，Zの変化の効果は次のようにまとめることが出来る。

$$\frac{dX_1}{dZ} = \frac{\partial X_1}{\partial Z} + \frac{\partial X_1}{\partial p}\frac{dp}{dZ} \tag{23}$$

$$\frac{dX_2}{dZ} = \frac{\partial X_2}{\partial Z} + \frac{\partial X_2}{\partial p}\frac{dp}{dZ} \tag{24}$$

（23）及び（24）式の右辺の最初の項は直接効果で，これは（15）式よりマイナスである。他方，第2項は間接効果で，ツーリズム財の相対価格の変化により産出が変化する効果で，（14）式から$\partial X_1 / \partial p < 0$で，（15）式から$\partial X_2 / \partial p > 0$である。他方，命題3から明らかなように，$dp/dZ$は正負何れの値も取り得るから，直接効果と間接効果の大きさ如何で，汚染排出枠の削減が産出に及ぼす影響は，異なることが分かる。しかしながら，ホモセティックな効用関数を前提とする限りは間接効果が直接効果を上回ることはない（岡本（2017）参照）。これに対して，既存研究のChao and Sgro（2008）ではホモセティックでない準線形の効用関数を仮定しているため，間接効果が直接効果を上回る可能性がある。Chao and Sgro（2008）では$dp/dZ < 0$であるので，第1財の生産量に関しては直接効果と間接効果は同じ方向には作用する。しかし，第2財の生産量に関しては，直接効果と間接効果が逆方向に作用するので，汚染排出枠の削減によってツーリズム財の生産がかえって増加する可能性がある。

　以下同様にして，直接効果と間接効果に分類して，各内生変数の変化を記述すると，次式のようになる。

$$\frac{dr}{dZ} = \frac{\partial r}{\partial Z} + \frac{\partial r}{\partial p}\frac{dp}{dZ} \tag{25}$$

ツーリズム経済の環境政策が要素報酬と経済厚生に及ぼす効果の包括的分析

$$\frac{dw_1}{dZ} = \frac{\partial w_1}{\partial Z} + \frac{\partial w_1}{\partial p}\frac{dp}{dZ}$$ (26)

$$\frac{dw_2}{dZ} = \frac{\partial w_2}{\partial Z} + \frac{\partial w_2}{\partial p}\frac{dp}{dZ}$$ (27)

さて，以下では直接効果と間接効果が拮抗して，汚染排出枠の削減が各内生変数に影響を及ぼさない，閾値となる値を求めることにしよう。勿論，そうしたことが生じるのは，汚染排出枠の変化がツーリズム交易条件を悪化させたり改善させたりするからに他ならない。dp / dZ がどの様な値を取るかに依存して，間接効果が直接効果を上回る場合が生じる。以下では，(Z/p) $(dp/dZ) = \hat{p}/\hat{Z}$ の特定の値に注目して，これを分類して行くことにする。以下，（23）〜（27）式までに，（14）と（15）式を代入して，直接効果と間接効果が拮抗する $\hat{p}/\hat{Z}$ の値を求めると，以下のようになる。

$$dX_1/dZ = 0 \quad \text{iff} \quad \hat{p}/\hat{Z} = \theta_{L2}/\lambda_{Z2}\sigma_2$$ (28)

$$dX_2/dZ = 0 \quad \text{iff} \quad \hat{p}/\hat{Z} = -\theta_{S1}/\lambda_{Z1}\sigma_1$$ (29)

$$dr/dZ = 0 \quad \text{iff} \quad \hat{p}/\hat{Z} = \theta_{L2}/\lambda_{Z2}\sigma_2$$ (30)

$$dw_1/dZ = 0 \quad \text{iff} \quad \hat{p}/\hat{Z} = \theta_{L2}/\lambda_{Z2}\sigma_2$$ (31)

$$dw_2/dZ = 0 \quad \text{iff} \quad \hat{p}/\hat{Z} = -\theta_{S1}\theta_{Z2}/(\lambda_{Z1}\sigma_1 + \lambda_{Z2}\theta_{S1}\sigma_2)$$ (32)

以上の分析から，各内生変数の変化は，$\hat{p}/\hat{Z}$ の閾値によって，次頁の表1のように分類出来ることが分かる。

表1より，汚染排出枠の削減は $\hat{p}/\hat{Z}$ が $-\theta_{S1}/\lambda_{Z1}\sigma_1$ と $\theta_{L2}/\lambda_{Z2}\sigma_2$ の間に入っている時にはどちらの産業の産出量も縮小させる。一方，$\hat{p}/\hat{Z}$ が $-\theta_{S1}/\lambda_{Z1}\sigma_1$ よ

125

表1

$\dfrac{\hat{p}}{\hat{Z}}$	...	$\dfrac{-\theta_{S1}}{\lambda_{Z1}\sigma_1}$	...	$\dfrac{-\theta_{S1}\theta_{Z2}}{\lambda_{Z1}\sigma_1 + \lambda_{Z2}\theta_{S1}\sigma_2}$	...	0	...	$\dfrac{\theta_{L2}}{\lambda_{Z2}\sigma_2}$	...
$\dfrac{dX_1}{dZ}$	+	+	+	+	+	+	+	0	−
$\dfrac{dX_2}{dZ}$	−	0	+	+	+	+	+	+	+
$\dfrac{dr}{dZ}$	−	−	−	−	−	−	−	0	+
$\dfrac{dw_1}{dZ}$	+	+	+	+	+	+	+	0	−
$\dfrac{dw_2}{dZ}$	−	−	−	0	+	+	+	+	+

り小さいところでは貿易財の生産を減少させ，ツーリズム財の生産を増大させるが，逆に$\hat{p}/\hat{Z}$が$\theta_{L2}/\lambda_{Z2}\sigma_2$よりも大きいところでは正反対の効果を及ぼす。しかしながら，先ほど述べたように，ホモセティックな効用関数を想定する限りは，汚染排出枠の削減がどちらかの産業の産出を拡大させることはない。すなわち，産出量の変化に関しては，通常の特殊要素モデルと同様の結論が得られる。従って，表1の両端の黒塗りの部分は起こり得ない。

　他方，要素報酬の変化に関しては，(c) $\hat{p}/\hat{Z} < -\theta_{S1}\theta_{Z2}/(\lambda_{Z1}\sigma_1 + \lambda_{Z2}\theta_{S1}\sigma_2)$の時，汚染排出枠の削減は未熟練労働の賃金を上昇させ，通常の特殊要素モデルとは反対の結果が得られる[24]。この結果は以下のように解釈出来る。排出枠の削減は直接効果として，未熟練労働の賃金を下落させる（$\partial w_2/\partial Z > 0$）。同時に，汚染排出枠の削減により交易条件が改善する場合には，ツーリズム財に特殊的な生産要素である未熟練労働の報酬を増加させる（$\partial w_2/\partial p > 0$）。このストルパー＝サミュエルソン効果は拡大効果を持っており（$\hat{w}_2/\hat{p} >$

---

[24] Chao and Sgro（2008）においても，$dw_2/dZ < 0$の可能性が指摘されているが，どの様な条件の下で発生するかについては述べられていない。

1)[25]，交易条件の改善が十分大きい場合には，間接効果が直接効果を上回る。

ところで，汚染排出枠の削減によって，賃金格差は最終的に縮小するのかどうかを検討するために，（26），（27）式を少し変形してみよう。

$$\frac{Z}{w_1}\frac{dw_1}{dZ} - \frac{Z}{w_2}\frac{dw_2}{dZ} = \left(\frac{Z}{w_1}\frac{\partial w_1}{\partial Z} - \frac{Z}{w_2}\frac{\partial w_2}{\partial Z}\right) + \left(\frac{p}{w_1}\frac{\partial w_1}{\partial p} - \frac{p}{w_2}\frac{\partial w_2}{\partial p}\right)\frac{Z}{p}\frac{dp}{dZ} \tag{33}$$

（33）式右辺の第1項は（15）式及び命題2より，貿易財産業が汚染集約的である時プラスである。以下では，貿易財産業は汚染集約的であると仮定する。他方，（14）式より右辺第2項の dp/dZ の係数はマイナスであるから，ツーリズム交易条件が改善もしくは不変の場合は，（33）式の符号はプラスとなり，賃金格差は縮小することになる。（33）式の符号がマイナスとなるのは，ツーリズム交易条件が相当大きく不利化しない限り不可能であることが分かる。また，貿易財産業が汚染集約的でない場合でも，先ほどの条件（c）が成立している時，汚染排出枠の削減によって未熟練労働の賃金は増加し，熟練労働の賃金は下落するので，賃金格差は必ず縮小する。つまり，条件（c）は汚染排出枠の削減が賃金格差を縮小するための十分条件である。以上の分析から，次の命題6を得ることが出来る。

命題6：このモデルの枠組み内で，汚染排出枠の削減が交易条件に及ぼす効果に依存して，各財の生産量並びに各要素の報酬率は変化する。特に，交易条件の変化がマイナスであるか，プラスであっても小さな変化の場合には，共通要素である汚染排出枠の削減は通常の特殊要素モデルと同じ変化をもたらすが，交易条件の変化が十分プラスの場合は，汚染排出枠の削減によりツーリズム産業に特殊的な生産要素である未熟練労働の賃金を増加させる。なお，貿易財産業が汚染集約的である時，汚染排出枠の削減に伴って，賃金格差は殆どの場合縮小し，拡大するのは交易条件の悪化が非常に大きい場合に限ら

---

[25] （14）式を参照のこと。

れる。また，貿易財産業が汚染集約的でない場合でも，条件（c）が成立する時，すなわち $\hat{p}/\hat{Z} < -\theta_{S1}\theta_{Z2}/(\lambda_{Z1}\sigma_1 + \lambda_{Z2}\theta_{S1}\sigma_2)$ の時，汚染排出枠の削減によって賃金格差は必ず縮小する。

　汚染排出枠の削減が熟練労働の相対賃金に与える効果の総合的効果については，Chao and Sgro（2008）でも触れられているが，どの様な条件の下で賃金格差が縮小するかについては述べられていない。一方，Chao, Laffargue and Sgro（2012）においては，環境規制が熟練労働の相対賃金に与える総合的効果が分析されているが，彼らのモデルは不完全競争モデルである。また，彼らは準線形型の効用関数を仮定しているため，環境規制による交易条件効果は必ず正である。本稿は交易条件効果が正負いずれにもなり得る場合において，環境規制が熟練労働の相対賃金に与える総合的効果を分析している。

6.　分析のまとめ

　本稿では，Chao and Sgro（2008）で分析された1貿易財・1非貿易財・3生産要素モデルにおいて，彼らが分析しなかった汚染排出枠の変化がモデルの他の内生変数（生産量，要素報酬，賃金格差，交易条件，経済厚生）に及ぼす効果に関して分析を行った。Chao and Sgro（2008）の専らの関心は，最適排出権価格に関する点に絞られていたが，本稿では基本的に枠組みは同じであるが，効用関数をコブ＝ダグラス型として，ツーリズム交易条件がより柔軟に変化し得る場合を考察した。また，汚染排出枠の変化ばかりではなく，ツーリズムブームが来た場合，どの様な状態が実現するのかに関しても，合わせて分析を行った。ツーリズムと環境問題の関係を分析した研究は数多く存在するが，その中で本稿が果たした貢献は大きく4つに分けることが出来る。

　本稿の主要な貢献の1つ目は，汚染排出枠の削減が経済厚生及び交易条件を改善するために重要な条件として，（a）汚染排出枠の削減がツーリズム財の国内超過供給を減少させる，（b）汚染排出による消費者の限界的厚生損失が生産者の負担する排出権価格を上回ると言う2つの条件を導出しているこ

とである。そして，この条件は汚染排出枠の削減が経済厚生及び交易条件を改善させるための十分条件及び必要条件と密接に関係していることを導き出したことである。また，この条件はYanase（2017）でも指摘されているが，彼のモデルにおいて汚染はツーリズム産業のみから排出されている。本稿では，汚染が貿易財産業とツーリズム産業の両方から排出される場合でも同様の条件が成立することを示している。

　本稿の主要な貢献の2つ目は，交易条件の変化も含めて，汚染排出枠の削減が熟練労働と未熟練労働の賃金格差を縮小させるための十分条件を導出していることである。汚染排出枠の削減の総合的効果については，Chao and Sgro（2008）でも触れられているが，どの様な条件の下で賃金格差が縮小するかについては述べられていない。

　本稿の主要な貢献の3つ目は，ツーリズム財の価格を内生化することにより，通常の特殊要素モデルとは異なる結論を導出していることである。汚染排出枠の削減はツーリズム財の産出を減少させる一方で，ツーリズム財に特殊的な生産要素である未熟練労働の賃金を増加させることがある。このようなことが起こるのは，ツーリズム財の価格の上昇が未熟練労働の賃金に拡大効果を伴うストルパー＝サミュエルソン効果をもたらすからである。

　本稿の主要な貢献の4つ目は，ツーリズムブームは経済厚生及び交易条件を改善し，賃金格差も縮小させると言うことを示していることである。この結果は，ツーリズムブームは交易条件を改善させるが，経済厚生に与える効果は正負何れにもなり得るというBeladi, Chao, Hazari and Laffargue（2009）とは対照的である。

　本稿に残された課題として3つを挙げることが出来る。1つ目は，ノンホモセティックな効用関数の導入である。本稿ではホモセティックな効用関数を仮定しているために，共通の生産要素の賦存量が生産量に与える効果としては，ツーリズム財の価格が内生化されているにもかかわらず，通常の特殊要素モデルと同様の結果になっている。ノンホモセティックな効用関数を想定しての分析は今後の課題としたい。

2つ目の課題は，複数の貿易財のケースの検討である。本稿では貿易財は
1種類で輸入財であるが，貿易財として輸入財だけでなく輸出財も考慮する
ことによって，現実に存在する様々な貿易政策の効果を検討出来るようにな
る。また，そのようにすることによって，Chao, Hazari, Laffargue and Yu（2008）
や Yanase（2017）との比較をすることが出来るであろう。また，Chao, Hazari,
Laffargue and Yu（2008）や Yanase（2017）では分析されていなかった，環境
政策や貿易政策が国内の所得分配に与える効果も分析出来るようになるであ
ろう。

　3つ目の課題は，失業を考慮に入れることである。発展途上国では失業が
依然として大きな経済問題となっている。ハリス＝トダロタイプの失業を考
慮に入れたツーリズムと環境問題の研究として，Yabuuchi（2015）があ
る[26]。また，Chao and Sgro（2013）でもツーリズム経済に失業を導入したモ
デルが紹介されているが，そこでは環境汚染は導入されていない。

参考文献

Beladi, H., C.-C. Chao, B. R. Hazari and J.-P. Laffargue (2009), Tourism and the Environment, *Resource and Energy Economics*, 31(1): 39–49.

Chao, C.-C. and P. M. Sgro (2008), *Environmental Control, Wage Inequality and National Welfare for a Tourism Economy*, Rome, Italy: University of Rome.

Chao, C.-C., B. R. Hazari, J.-P. Laffargue and E. S. H. Yu (2008), Environmental Regulations for a Small Open Economy with Tourism, in *Globalization and Emerging Issues in Trade Theory and Policy: Frontiers of Economics and Globalization Vol. 5*, Edited by B. Tran-Nam, N. V. Long, and M. Tawada, Bingley, U. K.: Emerald Group Publishing, Chapter 16: 269–284.

Chao, C.-C., J.-P. Laffargue and P. M. Sgro (2012), Environmental Control, Wage Inequality and National Welfare in a Tourism Economy, *International Review of Economics and Finance*, 22: 201–207.

Chao, C.-C. and P. M. Sgro (2013), International Tourism: its Costs and Benefits to Host

---

[26] Yabuuchi（2015）においては，ハリス＝トダロモデルに従い自国の発展途上国経済
が都市と農村の2地域から構成されていることに加えて，ツーリズム産業から発生
する汚染が農業の生産性を低下させるという負の外部性が考慮されているため，本
稿の設定とは大きく異なる。

Countries, in *Handbook of Tourism Economics: Analysis, New Applications and Case Studies*, Edited by Clement A. Tisdell, Singapore: World Scientific Publishing Co., Chapter 26: 605–618.

Copeland, B. R. (1991), Tourism, Welfare and De-industrialization in a Small Open Economy, *Economica*, 58: 515–529.

Copeland, B. R. and M. S. Taylor (2003), *Trade and the Environment: Theory and Evidence*, Princeton: Princeton University Press.

Hazari, B. R. and A. R. Hoshmand, Editors (2011), *Tourism, Trade and Welfare: Theoretical and Empirical Issues*, New York: Nova Science Publishers.

Hazari, B. R. and P. M. Sgro (2004), *Tourism, Trade and National Welfare*, Bingley, U. K.: Emerald.

Ishikawa, J. and K. Kiyono (2006), Greenhouse-Gas Emission Controls in an Open Economy, *International Economic Review*, 47: 431–450.

Jones, R. (1971), A Three-Factor Model in Theory, Trade, and History, in *Trade, Balance of Payments and Growth: Papers in International Economics in Honor of C. P. Kindleberger*, Edited by J. N. Bhagwati, R. W. Jones, R. A. Mundell, and J. Vanek, Amsterdam: North Holland, Chapter 1: 3–21.

World Travel & Tourism Council (2017), *The Economic Impact of Travel & Tourism March 2017*.

Yabuuchi, S. (2015), Environmental Protection and Tourism with Urban Unemployment, *The International Economy*, 18: 31–41.

Yanase, A. (2017), Policy Reform and Optimal Policy Mix in a Polluted Small Open Economy with Tourism, *Review of International Economics*, 25(3): 607–625.

岡本久之（2017），「貿易財と国内財からなる特殊要素モデルにおける移動可能要素の賦存量変化と各財の産出量：研究ノート」『商大論集』第69巻第1・2号，103–110頁.

Summary

A Comprehensive Analysis of Environmental Policy on a Small Open Tourism Economy: Its Economic Welfare, Terms of Trade and Factor Rewards

Shoh Nakai (Graduate School of Economics, University of Hyogo)

Hisayuki Okamoto (School of Business Administration, University of Hyogo)

Takanori Shimizu (Graduate School of Accountancy, University of Hyogo)

The analyses of economic impacts of reducing emissions are important. Chao and Sgro (2008) examined the optimal pollution tax in a two-good three-factor model of trade, but they did not fully analyze the effects of emission cap change on the model. This paper, using Cobb-Douglas utility function, analyzes them comprehensively and find the effects of reducing emission cap on welfare, goods production and factor rewards directly and indirectly through a change in terms of trade that can vary from unfavorably to favorably. We also establish a set of necessary and sufficient conditions for welfare-improving reduction of emission cap.

投稿論文

貿易多様化・高度化と中所得国の経済成長

京都大学　胡　　洪濱[*]

要旨

まず世界銀行の基準に基づいて下位・上位中所得国を分類した。その後
OECD諸国が各中所得段階にいる年数に基づいて中所得国の罠の閾値を定義
した。その結果下位中所得国は36か国中16か国，上位中所得国は40か国
中7か国が中所得国の罠にいると結論づけた。最後にSystem GMMで貿易多
様化・高度化について成長分析した結果，貿易多様化はGDP水準に影響が
ない一方で，高度化はすべての発展段階で正の影響が確認された。

キーワード：中所得国の罠，顕示的比較優位，輸出高度化，成長回帰，国際
　　　　　　貿易

1. イントロダクション

開発経済学は世界各国の普遍的傾向を経済学的に分析し，経済的離陸を達
成するために必要な政策課題を探求する学問である。第二次世界大戦後は国
連・政府開発援助（ODA）・世界銀行を中心にこの課題に取り組み，途上国
の貧困削減に成功してきた。

しかし，経済的離陸が成功したにもかかわらず，中所得水準で経済成長が
停滞した国も多く，こちらは『東アジアのルネッサンス』（世界銀行，2007）
で「中所得国の罠（Middle Income Trap, MIT）」と定義されている。さらに

---

[*] 京都大学経済学研究科東アジア経済研究センタージュニアリサーチャー（E-mail:
xinhui99jp@yahoo.co.jp）

この報告では，東アジア諸国は近年まで持続的経済成長を達成した一方で，現状のままでは生産コストの上昇等により，近い将来は中南米諸国と同様に経済成長が低下し，中所得国の罠に入る可能性が高く，政策転換が必要であると述べている。

マレーシアでは，マハティール元首相が90年代に「ビジョン2020：2020年までに先進国の仲間入り」を国家目標にしている。それにもかかわらず，97年のアジア通貨危機以降は経済成長が低下し，2020年までに先進国水準に成長できない可能性が想定されている。そのため，ナジブ・ラザク現首相は中所得国の罠を回避する重要性に頻繁に言及している。

中国は2011年から2016年までの第12次5か年計画で，中所得国の罠を回避し，環境問題や所得格差を是正するとともに，内需主導型経済へ転換することを目標にしている。

『アジア2050──アジアの世紀は実現するか』では，アジア諸国が中所得国の罠に入らない場合，2050年にはアジアのGDPは世界の52％に到達するが，中所得国に罠に入る場合は同時期にはアジアのGDPは世界の31％にとどまると予測されている。

China 2030（世界銀行，2013）では，中国は今後人件費の上昇が予測されるため，従来の価格競争による戦略では競争力を失い，中所得国の罠に入る危険性が高いと報告されている。また，中所得国の罠を回避するには，完全に市場経済へ移行することで民間主導のイノベーションや競争を促進し，機会の平等を達成することが不可欠であると書かれている。

このように，世界銀行が中所得国の罠を定義した時期から世界各国の経済学者や政治家が，中所得国の罠を回避することを重視している。そのため，中所得国の罠は世界的に関心を抱かれる重要なテーマであるといえる。

「中所得国の罠」とは，中所得国水準まで順調に経済成長が達成されたにもかかわらず，それ以降は成長が停滞し，長年中所得国水準にとどまって高所得国に成長できない現象を指す。（世界銀行，2007）

どの国も最終的には高所得国の水準まで発展することが目標になっている

にもかかわらず，実際に高所得国水準にまで発展できた国は少数であり，多くの国は中所得国に成長した後に経済成長の速度が低下し，長年中所得国にとどまっている。そのため，これらの国を中所得国の罠に入っていると定義し，そこから抜け出す方法を分析することは有意義といえる。

　本論文では，経済成長および中所得国の罠に関する先行研究を分析し，望ましい中所得国の罠の分類方法を明らかにする。また貿易構造に焦点を当ててその経済効果について理論的に考察し，さらに計量経済学の手法で実証分析を行う。

2. 先行研究

　中所得国の罠を定義し，要因を分析した研究として，Eichengreen et al.（2011）および Eichengreen et al.（2013）（以下 EPS2011, EPS2013）がある。これらの研究では1人あたり GDP（2005年 US ドル基準 PPP）が10000ドル以上かつ1人あたり GDP 成長率7年移動平均が3.5%以上になった時期がある国が対象となる。成長率7年移動平均が3.5%を超えたにもかかわらず，その直後の7年移動平均が2%以上低下しているならば，中所得国の罠に入っていると定義される。つまりそれまでに順調な成長を達成した国がある時期を境に成長が低下する現象を指している。

　要因を分析した結果，人口構成の高齢化が進み，GDP に対する投資の割合が高く，通貨安傾向のある国は成長率が低下しやすいことを発見した。一方，輸出に占めるハイテク産業の割合が高く，就学年数が長い国では知識集約型・イノベーション指向型社会が実現しているため，成長率が低下しにくい。また，主要な要因ではないものの，体制の民主化・経済危機も経済成長の低下を引き起こしている。

　また，EPS2011 では Penn World Table 6.3 のデータを分析した結果，1人あたり GDP 15000ドルから16000ドルまでの範囲で成長率の低下が高頻度で起きていることを発見した。1人あたり GDP 15000ドルから16000ドルまでは中所得国から高所得国に移行する水準であるため，高所得国に成長するのが

困難であることが示された。EPS2013 では Penn World Table 7.1 で同様の分析をした結果，1 人あたり GDP 11000 ドルから 12000 ドルまでの範囲でも経済成長の低下が高頻度で見られることを発見し，中所得段階で成長率が低下しやすいことがさらに明確に示された。

　また，Aiyar et al.（2013）では Penn World Table 7.1 の 1 人あたり GDP（2005年 US ドル基準 PPP）が 1000 ドル未満の国を低所得国，12000 ドル以上の国を高所得国と定義し，GDP 成長率の低下頻度を分析した結果，中所得段階で成長が低下した国は，低所得や高所得段階より 1.5 倍多いことを発見した。この研究からも，中所得段階から高所得段階に移行することが困難であることが確認できる。

　ところが，どちらも中所得国の罠を克服する重要な要因である貿易構造については取り上げられていない。また，中所得国の罠に入る時期は特定できるものの，罠から抜け出す時期を特定できないという問題がある。この問題を解決するため，胡（2015）では世界銀行の所得分類で上位中所得国と定義される国を中所得国とし，Felipe（2012）の方法に準拠して中所得国に滞在する年数が一定以上の国を中所得国の罠に入っていると定義した。その結果，中所得国の罠に入っているかどうかのみならず，中所得国の罠から抜け出す時期も定義できた。さらに EPS で分析された諸要因に，貿易構造の諸要因（比較優位産業数・輸出高度化指数・輸出産業の偏り度合い）を入れ，OLS および System-GMM で分析を行った。その結果，比較優位産業数が多い国はそうでない国より持続的な成長を達成しやすいことを発見した。また，現在の中所得国 37 か国中 26 か国が中所得国の罠に入っていると結論付けられた。これにより，高所得水準まで持続的経済成長を達成するためには，中所得国の罠は克服する必要があることが示された。

ところが，胡（2015）では以下のような問題が見られる。
・世界銀行の所得分類を使用しているが，こちらは為替レート基準の GDP であり，物価変動に基づいて閾値が毎年変動する。一方，胡（2015）で使

用するデータは Penn World Table 8.0 であり 1 人あたり GDP は 2005 年 US ドル基準 PPP 表示になっている。それにもかかわらず両者の違いを考慮していないため，結果として下位中所得国と上位中所得国の中間の国を取り上げて分析した。

・下位中所得国と上位中所得国の相違点を考察していない。

・貿易構造の計算では，Comtrade の 1962 年から 2000 年までのデータを使用しているため，2001 年以降のデータを分析していない。

・輸出高度化指数を計算する際，G5（アメリカ・イギリス・フランス・ドイツ・日本）の顕示的比較優位指数のみを使用し，世界各国の 1 人あたり GDP でウェイトづけしていないため，高度化度合いが不正確。

・成長回帰分析で使用する制御変数に関する理論づけが不十分。

・System-GMM で成長回帰分析をしたものの，操作変数は 14 期前のデータを使用しているため，操作変数の弱相関問題を有する可能性があり，分析結果が正確とはいえない。

本研究では最新の Penn World Table 9.0 のデータを使用し，貿易構造の分析では Comtrade の 1962 年から 2014 年までのデータを使用して分析を行う。

3. 中所得国・および中所得国の罠の特定

3.1 中所得国水準の特定

次に中所得国の罠に入っている国を特定するが，その前に中所得水準を明確に定義する必要がある。

世界銀行は 2012 年に 1 人あたり GDP に基づいて以下のように世界各国の所得分類を行った。

低所得国：1035 ドル以下

下位中所得国：1036 ドル以上 4085 ドル以下

上位中所得国：4086 ドル以上 12615 ドル以下

高所得国：12616 ドル以上

137

これを用いて分析を行う予定だが，これは名目ドル表示であり，毎年の物価水準の変動を受けて閾値が変更されるため，実質 PPP ドル表示の Penn World Table のデータに直接適用するのは不適切である。したがってまず実質 GDP 基準の閾値を特定する。

Penn World Table 9.0 のデータでは GDP は 2011 年 US ドル基準で計算された実質 PPP 表示となっている。各国に関して 1950 年から 2014 年までのデータが記録されている。

ここで，1987 年から 2014 年までのデータに基づいて世界銀行の所得分類を各国に割り振り，低所得・下位中所得・上位中所得・高所得のそれぞれの間に閾値を入れる。具体的な数値は 1 人あたり GDP が 100 ドルから 20000 ドルまでで，100 ドル単位で区分する。これら 200 個の数値を 2 つの所得水準の中間に設定し，そこで判定される所得水準が世界銀行の分類とどの程度合致しているかを調べる。分析した結果，以下のような区分が世界銀行の分類と最も類似度が高いことが判明した。この分類では，1987 年以降の 4813 のデータのうち，4006 のデータが世界銀行の分類と一致し，一致率は 83.2％で最も高くなる。よって本研究では以下のような分類で分析を行う。

1 人あたり GDP（2011 年 US ドル基準 PPP）が
　　低所得国：3300 ドル未満
　　下位中所得国：3300 ドル以上 10100 ドル未満
　　上位中所得国：10100 ドル以上 19400 ドル未満
　　高所得国：19400 ドル以上

以下ではこの基準で下位中所得国および上位中所得国に分類された国に関して分析を行う。

3.2　中所得国の罠の基準値の特定

中所得国の罠とは，低所得国の段階を抜け出し，本格的な経済成長が始

138

貿易多様化・高度化と中所得国の経済成長

まっているにもかかわらず，中所得国段階で経済成長が減速し，高所得国段階に到達できない，あるいは到達が困難な現象を指す。そのため，例外はあるものの，それまで比較的高い経済成長を達成していると想定できる。

　ここで，経済成長が低下していることを満たしている国を見つけるため，中所得国の範囲をまたぐ年数を調べる。なお，世界には天然資源などで高度な成長を達成した国（湾岸諸国など）があるが，これらの国の成長パターンは特殊であり，他国が発展を達成するための方針を考察する事例としては不適切である。一方，OECD諸国と東・東南アジアの高度成長達成国（中国・台湾・香港・シンガポール）は工業化を通じて発展を達成した国であり，現在の途上国が持続的な発展を達成する方針を考察するのに有用である。よって，中所得段階をまたぐ年数を調べるときはこれらの国を対象とする。ただし，GDPデータは1950年から2014年までなので，その間に1人あたりGDPが3300ドル，または10100ドルを超えた国に関してのみ分析を行う。また，上の段階に達しても一時的な景気過熱で達成している可能性があるため，2度と元の段階に戻らなくなる時期を昇進の時期と定義する。まず，基準となる年数を特定するため，1950年から2014年までの間にこの範囲を通過した国を取り出して基準とし，これらの国が何年間中所得国であったかを調べる。結果は表1，2のようになる。

　これらの国のうち，中所得国に滞在する年数がOECD諸国の平均値より1SD以上長い国（下位中所得国は平均20年，SD10.79なので30.79年以上，上位中所得国は平均19.2年，SD6.9なので26.1年以上滞在した国を指す）は，下位中所得国では9か国中2か国，上位中所得国では33か国中5か国しかなく，経済発展の標準的パターンを超えていると考えられるので，これらの国を中所得国の罠に入っていると定義する。ここで求めた30.79と26.1をそれぞれ切り上げした値を閾値と定義すれば，下位中所得国に31年以上，上位中所得国に27年以上滞在している国が中所得国の罠に入っている国となる。

139

表1 かつて下位中所得国にいた国の年数，平均成長率

	$3300台	$10100台	年数	平均成長率
SINGAPORE	1963	1974	11	10.70%
JAPAN	1955	1969	14	8.32%
KOREA	1974	1988	14	8.32%
TAIWAN	1966	1981	15	7.74%
CHINA	1995	2011	16	7.24%
SLOVENIA	1952	1969	17	6.80%
GREECE	1953	1970	17	6.80%
PORTUGAL	1954	1986	32	3.56%
TURKEY	1951	1995	44	2.57%
		中央値	16	7.24%
		平均値	20	6.89%
		SD	10.79	2.48%

出典：Penn World Table 9.0 より筆者が作成

3.3　中所得国の罠に入っている国の特定

　次に，この定義に基づいて現在中所得国の罠に入っている国を特定する。ただし，現在中所得国にいる年数が31年および27年に達していない国でも，最近10年の1人あたりGDP成長率が低く，それが継続した場合に中所得国にとどまる年数がこれを超えると予想される場合は，そのような国も中所得国の罠に入っているとみなす。10年とした理由は，第1に数年程度の短期では好況・不況の影響を受ける可能性がある。第2に数十年程度の長期ではソローの収斂仮説により，経済がまだ成長していない過去は成長率が高く，すでに高度に成長した未来は成長率が低い傾向があるため，今後見込まれる成長率を過大評価してしまう。10年程度ならば，好況・不況の影響を除去できるうえに，成長率の過大評価の影響も小さいからである。このような方法により，以下の国が中所得国の罠に入っていると特定された。この中には近年になっても経済成長がほとんど停滞していて，中所得国水準にとどまる年数が100年以上と見込まれる国や，マイナス成長を記録しており，所要年数が計算できない国もある。

140

貿易多様化・高度化と中所得国の経済成長

表2　かつて上位中所得国にいた国の年数，平均成長率

	$10100台	$19400台	年数	平均成長率
SINGAPORE	1974	1980	6	11.49%
KOREA	1988	1996	8	8.50%
TAIWAN	1981	1990	9	7.52%
ESTONIA	1998	2010	12	5.59%
LITHUANIA	1999	2011	12	5.59%
PORTUGAL	1986	1999	13	5.15%
LATVIA	1999	2012	13	5.15%
HONG KONG	1973	1987	14	4.77%
NETHERLAND	1959	1974	15	4.45%
FRANCE	1961	1976	15	4.45%
POLAND	1995	2010	15	4.45%
CHILE	1995	2011	16	4.16%
JAPAN	1969	1986	17	3.91%
ITALY	1969	1986	17	3.91%
ICELAND	1955	1973	18	3.69%
FINLAND	1964	1982	18	3.69%
TURKEY	1995	2014	19	3.50%
DENMARK	1957	1976	19	3.50%
GERMANY	1961	1980	19	3.50%
ISRAEL	1966	1987	21	3.16%
SLOVAKIA	1985	2007	22	3.01%
NORWAY	1953	1976	23	2.88%
AUSTRIA	1964	1987	23	2.88%
SWEDEN	1954	1978	24	2.76%
BELGIUM	1963	1987	24	2.76%
UK	1953	1979	26	2.54%
SPAIN	1969	1995	26	2.54%
GREECE	1970	1997	27	2.45%
SLOVENIA	1969	1998	29	2.28%
CZECH	1970	2000	30	2.20%
HUNGARY	1980	2010	30	2.20%
NEW ZEALAND	1953	1987	34	1.94%
		中央値	18.5	3.60%
		平均値	19.2	4.08%
		SD	6.9	2.02%

出典：Penn World Table 9.0 より筆者が作成

表3　下位中所得国の罠に入っている国

	$3300台	2014年までの年数	2004年のGDP	2014年のGDP	10年平均成長率	$10100台までの年数	予想総年数	$10100までの平均成長率（%）
YEMEN	2006	8	2188	3528	4.89%	23	31	3.67%
MAURITANIA	2014	0	2403	3389	3.50%	32	32	3.56%
PHILIPPINES	1988	26	4143	6638	4.83%	9	35	3.25%
MOROCCO	1985	29	4498	7361	5.05%	7	36	3.16%
BHUTAN	1997	17	5786	6974	1.89%	20	37	3.07%
PARAGUAY	1980	34	5269	8213	4.54%	5	39	2.91%
ST.VINCENT	1976	38	6272	8640	3.25%	5	43	2.64%
SYRIA	2004	10	3553	4440	2.25%	37	47	2.41%
SWAZILAND	1986	28	6676	7582	1.28%	23	51	2.22%
NICARAGUA	1998	16	3622	4543	2.29%	36	52	2.17%
GUATEMALA	1976	38	5367	6912	2.56%	15	53	2.13%
BELIZE	1974	40	6923	7914	1.35%	19	59	1.91%
FIJI	1968	46	5624	7174	2.46%	15	61	1.85%
HONDURAS	2000	14	3685	4375	1.73%	49	63	1.79%
PALESTINE	2003	11	3710	4311	1.51%	57	68	1.66%
JAMAICA	1954	60	5966	7291	2.03%	17	77	1.46%

出典：Penn World Table 9.0 より筆者が作成

　次にあげられる国は中所得国にとどまる年数が下位では30年以下，上位では26年以下と見込まれ，中所得国の罠に入っていない国と分類された。

　これらの国は下位中所得段階ではおおむね1人あたりGDPの年平均成長率が4%を超え，上位中所得段階では2.5%を超えている。アメリカが19世紀から現在まで年平均2%程度の経済成長を記録していることを考えれば，これらの国は堅調な経済成長を達成しているといえよう。

　また，下位中所得国では36か国中，16か国が中所得国の罠に入っていると分類されたのに対して，上位中所得国では40か国中，中所得国の罠に入っている国は7か国にとどまる。これは中所得国に達成したばかりの段階では社会基盤が成熟していないため成長が失速しやすい可能性を示唆している。

142

貿易多様化・高度化と中所得国の経済成長

表4　上位中所得国の罠に入っている国

	$10100台	2014年までの年数	2004年のGDP	2014年のGDP	10年平均成長率	$19400台までの年数	予想総年数	$19400までの平均成長率（%）
MEXICO	1998	16	12426	15520	2.25%	11	27	2.45%
GABON*	2003	11	12140	14408	1.73%	18	29	2.28%
TUNISIA	2009	5	8386	10661	2.43%	25	30	2.20%
ANTIGUA	1988	26	9022	15013	5.22%	6	32	2.06%
SOUTH AFRICA	2005	9	9834	12067	2.07%	24	33	2.00%
DOMINICA	1970	44	6648	7128	0.70%	144	188	0.35%
BARBADOS	2014	0	17717	10237	−5.34%			

＊は GDP に占める石油収入が 20% 以上を占める産油国であり，通常とは異なる発展パ
　ターンを示すことが多いため，以降の分析では必要に応じて除外しながら分析を行う。
出典：Penn World Table 9.0 より筆者が作成

4.　貿易構造に関する分析

　すでに中所得国に到達した国々のうち，ラテンアメリカでは天然資源によ
る成長，東アジアでは安い人件費による貿易を通じて低所得水準から中所得
水準に到達した国が多い。しかし，これらはいずれも要素投入型成長であり，
持続的成長ではない。

　ここで持続的な経済発展を達成する可能性のある要因の1つとして，貿易
構造について考察を行う。

　Felipe（2012）では，経済が発展するにつれ，高度化度合いの低い産業か
ら高い産業へ要素の投入が移行するという結論を出している。しかし，ここ
では産業の高度化と経済成長の相関は確認されているものの，因果関係は明
らかになっていない。産業が高度化した結果経済が発展するケースも，その
逆のケースも考えられる。そのため，本研究ではまず貿易構造の計算方法に
ついて考察を行った後，これらの変数を用いて内生性を除去した実証分析も
行う。

143

表5　下位中所得国の罠に入っていない国

	$3300台	2014年までの年数	2004年のGDP	2014年のGDP	10年平均成長率	$10100台までの年数	予想総年数	$10100までの平均成長率（％）
MYANMAR	2010	4	1496	5622	14.16%	5	9	13.23%
ANGOLA	2005	9	3020	8803	11.29%	2	11	10.70%
EL SALVADOR	2005	9	2810	8018	11.05%	3	12	9.77%
LAOS	2009	5	2306	5723	9.52%	7	12	9.77%
KYRGYZ	2008	6	2292	5634	9.41%	7	13	8.99%
ZAMBIA	2012	2	1444	3626	9.64%	12	14	8.32%
ARMENIA	2001	13	4634	9172	7.07%	2	15	7.74%
INDIA	2007	7	2493	5452	8.14%	8	15	7.74%
NIGERIA	2005	9	2279	5574	9.36%	7	16	7.24%
MOLDOVA	2007	7	2691	5390	7.19%	10	17	6.80%
VIETNAM	2007	7	2837	5480	6.80%	10	17	6.80%
CONGO	2008	6	2500	4697	6.51%	13	19	6.06%
SUDAN	2013	1	2132	3728	5.75%	18	19	6.06%
BOLIVIA	2004	10	3398	5860	5.60%	10	20	5.75%
UZBEKISTAN	1995	19	4669	8394	6.04%	4	23	4.98%
INDONESIA	1991	23	3810	9798	9.91%	1	24	4.77%
CABO VERDE	2000	14	4015	6522	4.97%	10	24	4.77%
PAKISTAN	2006	8	2965	4808	4.95%	16	24	4.77%
SAO TOME	2012	2	2266	3481	4.39%	25	27	4.23%
GHANA	2012	2	2510	3670	3.87%	27	29	3.93%

出典：Penn World Table 9.0 より筆者が作成

　まず顕示的比較優位（Revealed Comparative Advantage, RCA）がある。これは Balassa（1965）で考案された指数で，以下の式で計算される。

$$RCA = (\frac{a}{b}) / (\frac{A}{B}) \qquad (1)$$

a：特定の国の特定産業の輸出額

b：特定の国の全輸出額

144

貿易多様化・高度化と中所得国の経済成長

表6　上位中所得国の罠に入っていない国

	$10100台	2014年までの年数	2004年のGDP	2014年のGDP	10年平均成長率	$19400台までの年数	予想総年数	$19400までの平均成長率（％）
AZERBAIJAN*	2008	6	3307	16039	17.10%	2	8	8.50%
IRAQ*	2011	3	3926	12191	12.00%	5	8	8.50%
MONGOLIA	2012	2	4273	11169	10.09%	6	8	8.50%
SRI LANKA	2014	0	4994	10828	8.05%	8	8	8.50%
GEORGIA	2014	0	4370	10364	9.02%	8	8	8.50%
CHINA	2011	3	5705	12513	8.17%	6	9	7.52%
NAMIBIA	2014	0	5755	11212	6.90%	9	9	7.52%
MONTENEGRO	2006	8	9365	16714	5.96%	3	11	6.11%
SURINAME	2008	6	8282	14710	5.91%	5	11	6.11%
JORDAN	2009	5	4840	11868	9.38%	6	11	6.11%
PERU	2012	2	5657	10931	6.81%	9	11	6.11%
BRAZIL	2007	7	8531	14811	5.67%	5	12	5.59%
COLOMBIA	2010	4	7259	12857	5.88%	8	12	5.59%
EGYPT	2011	3	5459	10812	7.07%	9	12	5.59%
VENEZUELA*	2005	9	8389	15445	6.29%	4	13	5.15%
ECUADOR	2012	2	6463	11094	5.55%	11	13	5.15%
BOSNIA	2014	0	6020	10154	5.37%	13	13	5.15%
MACEDONIA	2008	6	7940	13305	5.30%	8	14	4.77%
BULGARIA	2003	11	10798	16942	4.61%	4	15	4.45%
THAILAND	2007	7	8747	13725	4.61%	8	15	4.45%
ALBANIA	2012	2	5805	10020	5.61%	13	15	4.45%
MALDIVES	2003	11	13145	17139	2.69%	5	16	4.16%
DOMINICAN REP	2007	7	7785	12731	5.04%	9	16	4.16%
UKRAINE	2011	3	6205	10284	5.18%	13	16	4.16%
SERBIA	2006	8	8590	13496	4.62%	9	17	3.91%
ST.LUCIA	2014	0	7246	10550	3.83%	17	17	3.91%
BOTSWANA	2002	12	10618	15196	3.65%	7	19	3.50%
IRAN*	2003	11	12041	15591	2.62%	9	20	3.32%
COSTA RICA	2005	9	9675	13477	3.37%	11	20	3.32%
GRENADA	2011	3	7456	10633	3.61%	17	20	3.32%
ALGERIA*	2005	9	9265	13081	3.51%	12	21	3.16%
LEBANON	2004	10	11308	14234	2.33%	14	24	2.76%
MAURITIUS	1991	23	13226	18184	3.23%	3	26	2.54%

*はGDPに占める石油収入が20%以上を占める産油国であり，通常とは異なる発展パターンを示すことが多いため，以降の分析では必要に応じて除外しながら分析を行う。

出典：Penn World Table 9.0 より筆者が作成

145

Ａ：世界の特定産業の輸出額

Ｂ：世界の全輸出額

　この数値が1を超えれば，その国ではその産業が世界の中で比較優位を持っているといえ，その産業に特化して生産するのが経済学的に合理的であるといえる。しかし，産業数が少ない年は684種類，多い年は954種類あるため，比較優位産業数を単純に比較できない。よって1000産業あたりの比較優位の産業数を用いる。これはRCAに基づいて計算された指数であり，RCAそのものではないため注意が必要である。

　Hausmann et al.（2007）では，RCAを用いて以下のような計算で各国の産業の比較優位性，産業や国の高度化度合いを示した。

$$PRODY_i = \sum_j (\frac{RCA_{ij}}{\sum_j RCA_{ij}}) Y_j \tag{2}$$

$$EXPY_j = \sum_i (\frac{x_{ij}}{\sum_i x_{ij}}) PRODY_i \tag{3}$$

　PRODYとは特定産業に関して各国のRCA合計値を求め($\sum_j RCA_{ij}$)，その合計値に占めるそれぞれの国のRCAの割合($\frac{RCA_{ij}}{\sum_j RCA_{ij}}$)を求め，それにその国の1人あたりGDP($Y_j$)で比重をかけ，最後にそれぞれの国に関して合計したものである。これにより，1人あたりGDPが高い国が多く輸出する産業ほどPRODYが高くなるため，それぞれの産業がどの程度高度化されているかを示す指標となる。

　EXPYとは，それぞれの国に関して，各産業の比率($\frac{x_{ij}}{\sum_i x_{ij}}$)を求め，それをPRODYで比重をかけ，最後に産業ごとに合計したものである。これは1国の産業がどの程度高度化されているかを示す指標である。

　本研究では，国際産業分類（SITC）の4桁コードに基づく分類で統計さ

れた，国連の Comtrade の輸出データに基づいてこれらの指数の計算を行い，パネル分析を行う。

5. 実証分析

5.1 理論的考察

回帰分析の前に，各要因が理論的にどのように経済成長に影響を与えるかを明示する必要がある。よって本節ではまず経済成長理論について考察する。

Solow（1956）は以下のようなコブ・ダグラス型生産関数で経済成長モデルを特定した。

$$Y = AK^{\alpha}(HL)^{1-\alpha} \ (0 < \alpha < 1) \tag{4}$$

ここで Y＝実質 GDP，K＝資本ストック，L＝労働投入，α＝資本生産弾力性，H＝人的資本ストック，A＝その他の要因（総要素生産性，TFP）である。

K，L は以下の式のように成長する。左辺は時間あたりの資本・労働の変化である。

$$\frac{dK}{dt} = sY - \delta K \ (\text{s}＝平均粗貯蓄（投資）率，} \delta＝資本減耗) \tag{5}$$

$$\frac{dL}{dt} = nL \tag{6}$$

ここで 1 人あたり GDP を y＝Y/L，1 人あたり資本を k＝K/L とすると，

$$y = Bk^{\alpha}, B = AH^{1-\alpha} \tag{7}$$

$$\frac{1}{k}\frac{dk}{dt} = \frac{sy}{k} - (n+\delta) = G(k) \tag{8}$$

定常均衡は $\dfrac{dk}{dt} = 0$ なので，このとき y と k の定常状態は以下のようになる。

147

$$y* = \mathrm{B}(k*)^{\alpha} \tag{9}$$

$$G(k) = \frac{sy^*}{k^*} - (n+\delta) = 0 \tag{10}$$

これにより，

$$y* = \mathrm{B}\left(\frac{sB}{n+\delta}\right)^{\frac{\alpha}{1-\alpha}} \tag{11}$$

この定常状態が国によって異なるため，定常状態が低位の国は低所得国，中位の国は中所得国，高位の国は高所得国へ収束する。最も多くの国は定常状態が中位であるため，中所得国の段階で経済成長が低下しやすい。

この分析により，決定要因はマクロ的には主に

・粗貯蓄 (投資率)s

・労働人口増加率＋資本減耗率（e.g. 0.05）n＋δ（ただしマイナス要因）

・人的資本 H

・その他の TFP 要因 A

である。TFP 要因はモデルでは明示的ではないが，主に①産業構造（貿易の多様化・高度化など），②制度インフラ要因が考えられる。

次に，定常均衡への調整プロセスを考える。まず $d\log y/dt = (1/y)(dy/dt)$ ということに注意すると，（9）（10）式より，

$$d\log y/dt = \alpha G(k) \cong \alpha G(k*) + \alpha k* G'(k*)(k-k*)/k* \tag{12}$$

と近似できる。ここで右辺の近似式はテイラー近似式である。ここで

$$G(k*) = 0 \quad \text{（定常均衡では} (1/k)dk/dt = G(k*) = 0\text{）} \tag{13}$$

$$k* G'(k*) = -(1-\alpha)sy*/k* \tag{14}$$

$$\log(y/y*) = \alpha \log(k/k*) \cong \alpha(k-k*)/k* \tag{15}$$

これら（12）～（15）式により，

148

$$d\log y/dt = -\lambda \log(y/y^*) \text{ where } \lambda = (1-\alpha)(n+\delta) > 0 \tag{16}$$

という logy に関する 1 次の微分方程式を導出できる。これが調節プロセスの対数線形近似式であり，これを解くと，

$$\log y = \log y^* + \log(y_0/y^*)\exp\{-\lambda t\} = \exp\{-\lambda t\}\log y_0 + (1-\exp\{-\lambda t\})\log y^* \tag{17}$$

という式が得られる。このように，1 人あたり GDP を表す logy は $\log y_0$ からスタートして長期的に logy* に収束するが，この値が国により異なるため，各国が低所得・中所得・高所得水準に収束する。これを条件付き収束（conditional convergence）という。

ここで，

$$b(T) = (1-\exp\{-\lambda T\})/T > 0 \tag{18}$$

と置く。すると，

T 期間対数ベース平均成長率 $g_T (= \left(\dfrac{1}{T}\right) log\left(\dfrac{y}{y_0}\right)) = -b(T)\log y_0 + b(T)\log y^*$

$$\tag{19}$$

が導出される。ここで logy* は特定される。よって推定式は，

$$g_T = -\beta_0\log(y_0) + \beta_1\log(s) - \beta_2\log(n+\delta) + \beta_3\log(H) + \beta_4\log(A) + error \tag{20}$$

これにより，
・成長回帰式は定常状態への調整プロセスを推定している
・1 人あたり所得の高・中・低（定常）水準の違いはファンダメンタルズ {s, n+δ, H, A} の差により説明できる
となる。以下の回帰分析では（20）式に準拠して回帰分析を行う。

なお，RCA と EXPY は要素投入のうち，資本・労働のいずれにも属さないため，ソロー残差 A に含まれるとする。

5.2 回帰分析

前節で分析したファンダメンダルズのうち貯蓄率sはGDPに占める投資率，人的資本HはBarro（1991）の平均就学年数で代用し，その他の変数Aには本研究で用いる貿易多様化指数のRCAR，高度化指数のEXPYを代入して以下の回帰式で分析を行う。RCARは1000産業あたりの比較優位産業数で，Comtradeにおける各国の世界への産業別輸出品目データから計算される。EXPYは本データと，Penn World Table 9.0の実質GDPと人口から求めた1人あたりGDPから計算される。HCは人的資本の変数であり，Barro（1991）の就学率データを使用している。NDとは資本減耗率と人口増加率の合計値で，PWT9.0の資本および人口から計算した。Sは貯蓄率で，Penn World Table 9.0のGDPに占める投資の割合で代用した。なお，中所得国の罠とは，定常状態における1人あたりGDPが中所得国の水準にとどまる現象を指すため，本研究では被説明変数として，1人あたりGDPを用いる。それがGDPCPTである。そのため，説明変数では1人あたりGDPを除外する。よって以下の式（21）のようになる。

Comtradeに存在する1962年から2014年の各国のデータを使用し，本研究で推定された所得水準の閾値に準じて低・下位中・上位中・高の4段階に分けてそれぞれに関してBlundell and Bond（1998）のSystem GMMで推定を行う。これは1期前の被説明変数を説明変数に入れたダイナミックパネル分析であり，説明変数の過去の値を操作変数として用いて内生性を除去するため，説明変数が被説明変数に直接与える影響を推定できる。

なお，lag(,1)はカッコ内の変数の1期前の値を表す。また，本分析では各説明変数の2期前の値を操作変数として使用する。

$$\log(GDPCPT) = \beta_0 \mathrm{lag}(\log(GDPCPT),1) + \beta_1 \log(RCAR) + \beta_2 \log(EXPY) + \beta_3 \log(HC) + \beta_4 \log(ND) + \beta_5 \log(S) \tag{21}$$

結果は以下のようになる。

貿易多様化・高度化と中所得国の経済成長

表7　成長回帰分析の結果（上段：係数　下段：z値　n：国数　N：サンプル数）

変数名	低所得 n = 90 N = 2728	下位中所得 n = 107 N = 2032	上位中所得 n = 80 N = 1008	高所得 n = 46 N = 989
1期前の1人あたりGDP （β_0）	0.955 (100.15) ***	0.976 (99.40) ***	0.956 (105.55) ***	0.954 (62.26) ***
1000産業あたりRCA産業数（β_1）	0.022 (2.65) **	0.010 (1.63)	0.003 (0.96)	−0.029 (−3.80) ***
輸出高度化指数（EXPY） （β_2）	0.027 (3.89) ***	0.017 (2.10) *	0.038 (4.46) ***	0.070 (4.37) ***
人的資本指数（β_3）	−0.006 (−0.58)	0.001 (0.18)	0.021 (2.17) *	−0.001 (−0.07)
資本減耗・人口増加率 （β_4）	−0.016 (−0.52)	−0.030 (−1.14)	−0.012 (−0.40)	−0.097 (−3.35) ***
GDPに占める投資（β_5）	0.159 (1.80) .	0.196 (2.17) *	0.110 (2.15) *	−0.094 (−1.25)
Sargan Test	p = 1	p = 1	p = 1	p = 1
AR（1）	p = 0.001	p = 8.037e−07	p = 0.006	p = 0.002
AR（2）	p = 0.609	p = 0.004	p = 0.317	p = 0.276

有意水準　.10%　*5%　**1%　***0.1%
出典：Penn World Table 9.0 より筆者が作成

　Sargan Test はいずれも p = 1 となっているため，操作変数の弱相関問題は存在しないと思われる。また，2次の自己相関の p 値は下位中所得国のみ強い有意性が確認されたほかは5%水準でも有意性が確認されず，おおむね結果に自己相関バイアスがかかっていないといえる。バイアスがかかっている可能性のある下位中所得国でも，比較優位産業数で有意性が確認されなかった部分は上位中所得国と共通し，他の有意性が確認された変数は低所得国と共通しているため，発展段階に伴う変化の点では不自然な部分が見られない。これらを鑑みて，本分析の結果はおおむね妥当であるといえる。
　ここでまずわかることは，比較優位産業数は低所得段階では正の有意性が確認されるが，中所得段階では有意性が確認されず，高所得段階では負の有

意性が確認されることである。実際，Imbs and Wacziarg（2003）（以下 IW）では1人あたり GDP が一定段階（1985年 US ドル PPP 基準で9000ドル）以上になれば，貿易品目の多様性が低下することが示されている（貿易多様化の逆 U 字仮説）。Clark（1940）によれば，1国は農業から工業，工業からサービス業へ産業構造が移行する法則がある。輸出品目にはサービスが含まれていないため，経済が一定以上発展して脱工業化・サービス化が進めば必然的に輸出品目数が減少する。したがって，この結果は IW の逆 U 字仮説を再確認した側面がある。一方，説明変数の内生性を除去した分析であるため，IW とは異なり，単なる相関関係にとどまらず，輸出品目の多様性が GDP に与える影響を説明している。この結果によれば，低所得段階では比較優位産業数は発展するに伴って増加するのみならず，最終的な定常水準をも押し上げている。中所得段階では IW によれば輸出品目の多様性はいったん上昇して再び下降するが，定常水準 GDP を左右する効果はない。さらに高所得水準になれば，輸出品目の多様性が低下するのみならず，多様性の低下は定常水準 GDP を逆に引き上げる。これは一定の発展水準に到達した国では製品の輸出品目数の低下はサービス化を意味するが，国内の産業や技術の基盤が成熟しているため，単なるサービス化のみならず，事業者向けの高度なサービス業が発展しているからだと思われる。よって製品の品目数が低下することにより定常水準 GDP が引き上げられる。

　輸出高度化指数は，すべての発展段階で正の有意性が確認された。Hausmann et al.（2007）は1992年から2003年までのデータで成長回帰分析した結果，期初の高度化指数が10％高いと GDP 成長率が0.5％高くなる，1962年から2000年までのデータでは高度化指数が10％高いと GDP 成長率が0.14％－0.19％高くなるという結論が出された。一方本研究では輸出高度化指数が1％上昇することにより，下位中所得水準以下では2％程度，上位中所得水準では3.8％，高所得水準では7％程度1人あたり GDP の定常状態での水準を引き上げるという結論に至った。中所得以上では所得水準が高いほど輸出産業の高度化による定常水準の引き上げ効果が大きい。

152

人的資本指数では，上位中所得水準のみ正の有意性が確認されたのが興味深い。これは一定の段階以下では安価な人件費による単純労働で生産が行われるため，教育水準が低くても経済発展には悪影響はないが，一定以上に発展すれば価格競争では低所得国に対して優位を確保できないため，高度な生産活動が行えるように教育が必要になることを意味している。Spence（2011）によれば1人あたりGDPが5000から10000ドル（2005年USドル基準PPP）の段階で人件費が上昇し，イノベーション主導型経済へ移行する必要があり，それを達成するために十分な教育水準を達成する必要がある。この水準は本研究の上位中所得水準に相当するため，この水準で正の有意性が確認されたと思われる。なお，高所得国で有意性が確認されないのは，就学率データに含まれるのは高等教育までであり，OJTが含まれていないのが原因であると思われる。OJTも人的資本を蓄積する手段であり，これが含まれていれば高所得水準でも正の有意性が確認される可能性がある。

資本減耗率・人口増加率は高所得国のみ負の有意性が確認された。この変数は2つの要素でできているが，数値は前者が大半を占めるため，資本の減耗が高所得国の定常状態に負の影響を及ぼすということを示している。発展水準が高いほど資本の蓄積が増加し，それに伴って資本減耗が定常状態に与える負の影響が強くなるといえる。

GDPに占める投資の割合は中所得水準以下では正の有意性が確認された一方で，高所得水準では有意性が確認されなかった。また，係数も下位中所得水準以上では所得が上がるにつれて低下しているのが読み取れる。これはソローの成長会計における資本の限界生産性の逓減を表すといえる。資本の投入は初期の段階では強い効果を示すが，次第に低下し，やがて効果を示さなくなる。

6. 結論

本研究では，まず世界銀行の所得分類に準拠し，購買力平価GDPを使用する場合に妥当な閾値を特定し，それに基づいて下位中所得国と上位中所得

国を抽出した。その上でOECD諸国が中所得国をまたぐ平均年数を計算し，平均より1SD以上長く滞在している，または滞在するであろう国を中所得国の罠に入っていると定義した。次にこれに基づいて中所得国の罠に入っている国と入っていない国を分類した。その結果，下位中所得国は36か国中16か国が中所得国の罠に入っている一方で，上位中所得国に40か国のうち中所得国の罠に入っている国はわずか7か国にとどまり，下位中所得国の罠を回避することは上位中所得国の罠を回避するより困難であることが示唆された。

　最後に内生性を除去したSystem GMMのパネル分析を行った結果，比較優位産業数ではImbs and Wacziarg（2003）の逆U字仮説が再確認された。低所得段階では輸出品目の多様性が定常状態のGDP水準を引き上げる。中所得段階では相関が確認されるのみで，輸出品目の多様性はGDPに影響を与えない。高所得段階では低所得段階とは逆に，輸出品目の多様性が低いほどGDPが高くなる。これは産業基盤が成熟している国ではサービス産業化に伴い，輸出品目が減少することによると思われる。また，輸出品目の高度化はすべての所得段階でGDP水準を押し上げる効果が確認され，下位中所得以上では所得水準が高いほど高度化の効果が強いことが確認された。つまり中所得国の罠を回避するためには下位・上位を問わず，輸出品目の高度化を推進することが必要である。

　本研究で使用したデータにおける輸出産業にはサービスが含まれていないため，サービス業を含めた場合の多様化・高度化は本研究とは異なる分析結果になる可能性がある。このようなデータを使用した貿易多様化・高度化の分析を今後の研究課題とする。

参考文献

Aiyar, S., R. Duval, D. Puy, Y. Wu and L. Zhang (2013), Growth Slowdowns and the Middle-Income Trap, *IMF Working Paper* 13(71).

Barro, R.J. (1991), Economic Growth in a Cross Section of Countries, *Quarterly Journal of Economics* 106(2): 407–443.

Balassa, B. (1965), Trade Liberalization and Revealed Comparative Advantage, *The Manchester School* 87: 115–143.

Blundell, R. and S. Bond (1998), Initial Conditions and Moment Restrictions in Dynamic Panel Data Models, *Journal of Econometrics* 87(2): 277–297.

Clark, C. (1940), *The Conditions of Economic Progress*, London: Macmillan.

Eichengreen, B., D. Park and K. Shin (2011), When Fast Growing Economies Slow Down: International Evidence and Implications for China, *NBER Working Paper* 16919.

Eichengreen, B., D. Park and K. Shin (2013), Growth Slowdowns Redux: New Evidence on the Middle-Income Trap, *NBER Working Paper* 18673: 1–15.

Felipe, J. (2012), Tracking the Middle-income trap: What Is It, Who Is in It, and Why?, *ADB Economics Working Paper* 421.

Hausmann, R., J. Hwang and D. Rodrik (2007), What you export matters, *Journal of Economic Growth* 12(1): 1–25.

Imbs, J. and R. Wacziarg (2003), Stages of Diversification, *American Economic Review* 93(1): 63–86.

Spence, M. (2011), *The Future of Economic Growth in a Multispeed World*, Farrar, Straus and Giroux: New York.

World Bank (2007), *East Asia and Pacific Economic Update—East Asia 10 Years after the Financial Crisis*, April.

World Bank and DRC (2013), *China 2030: Building a Modern, Harmonious, and Creative High-Income Society*, Washington, D.C.: The World Bank.

胡洪濱（2015），「中所得国の罠の要因分析」『経済論叢』第189巻第3号，73–93頁。

Summary

Trade Diversification, Sophistication and Economic Growth in Middle Income Countries

Kohin Ko

(Center for East Asian Economic Studies, Graduate School of Economics,

Kyoto University)

First I defined lower middle income and upper middle income countries by the classification of World Bank. Then I defined the Middle Income Trap (MIT) by the year that OECD countries stayed at middle income level. I found 16 out of 36 lower middle countries are in the MIT while 7 out of 40 upper middle income countries are in the MIT. Then I analyzed trade diversification and sophistication by System GMM growth regression analysis. By this analysis, I found trade diversification has no effect to GDP level, but sophistication has positive effect at all levels.

会　報

会　報

【日本国際経済学会第76回全国大会】

　日本国際経済学会第76回全国大会は，2017年10月21日（土）・22日（日）の2日間にわたって日本大学経済学部キャンパスにおいて開催されました。韓国国際経済学会KIEAからの参加者も含めて多くの参加があり，例年通り活発な研究報告や諸種行事が執り行われました。また，今年度大会より新たに「企画セッション」の試みも開始され，研究報告大会の活性化に繋がっております。具体的なプログラム内容は以下の通りです。なお，論文題目の後に（E）がついている場合は英語で報告が行われたことを，また（J）が付いている場合は求職活動の一環として報告が行われたことをそれぞれ表しています。

【大会第1日目】

★午前の部　自由論題（9：30～12：00）

フラッシュトーク＆ポスターセッション（12：10～13：30）

第1分科会　国際貿易1（会場：本館30教室）

座　長　一　橋　大　学　　石　川　城　太

Fixed Costs for Preference Utilization

報告者　日本貿易振興機構
アジア経済研究所　　早　川　和　伸

討論者　慶應義塾大学　　清　田　耕　造

A Study of Factors Affecting the Intention of Using FTAs by Exporting SMEs: The Case of South Korea（E）

報告者　東京国際大学　　宋　　俊憲

討論者　学　習　院　大　学　　椋　　寛

Asymmetric Tariff Pass-Through to Trade Prices

報告者　中　央　大　学　　吉　見　太洋

討論者　学　習　院　大　学　　伊　藤　　匡

第2分科会　共通論題関連（会場：本館47教室）

座　長　大阪市立大学　　高　橋　信　弘

ケインズ的失業を伴うグレアム型貿易モデル―国際価値・賃金率・雇用量の同時決定―

報告者　東　北　大　学　　佐　藤　秀　夫

157

討論者　神奈川大学　　鳴瀬　成洋

The Neo-Ricardian Trade Theory and the New Theory of International Values

報告者　関 西 大 学　　高増　　明

討論者　東 北 大 学　　黒瀬　一弘

第3分科会　グローバル経済1（会場：本館36教室）

座 長　中 央 大 学　　鯉渕　　賢

Effect of Non-Tariff Measures as Fixed Costs on Trade and Welfare（E）

報告者　名古屋市立大学　　板倉　　健

討論者　慶應義塾大学　　安藤　光代

Offshore EME Bond Issuance and the Transmission Channels of Global Liquidity（E）

報告者　Seoul National University　　Soyoung KIM

討論者　横浜国立大学　　佐藤　清隆

第4分科会　アジア経済1（会場：本館37教室）

座 長　千 葉 大 学　　石戸　　光

India in the World Economy（E）

報告者　神 戸 大 学　　佐藤　隆広

討論者　兵庫県立大学　　福味　　敦

Emigrant's Remittances, Dutch Disease and Capital Accumulation in Bangladesh（E）

報告者　埼 玉 大 学　　田口　博之

討論者　京 都 大 学　　長谷川　誠

Short-sales and Foreign Investors' Behavior in the Korean Stock Market during the Global Financial Crisis（E）

報告者　Seoul National University　　Yeongseop RHEE

討論者　立 命 館 大 学　　大田　英明

第5分科会　国際金融と貿易（会場：本館39教室）

座 長　日本貿易振興機構 アジア経済研究所　　町北　朋洋

Financial Development and Equity Home Bias: Divergence between Developed and Developing Economies（E）

報告者　Korea University Business School　　Ju H. PYUN

討論者　早 稲 田 大 学　　浜野　正樹

Are Politically Connected Firms More Likely to Export?（E）

報告者　早 稲 田 大 学　　キム　ユリ

会　報

討論者　日本貿易振興機構 アジア経済研究所　佐藤　仁志

第6分科会　資源・エネルギーと経済発展（会場：本館49教室）

座　長　愛知学院大学　多和田　眞

Open-Access Renewable Resources and Urban Unemployment: Dual Institutional Failures in a Small Open Economy

報告者　慶應義塾大学　大東　一郎

討論者　関西学院大学　東田　啓作

固定価格買取（FIT）制度による再生可能エネルギー導入効果

報告者　東京国際大学　武石　礼司

討論者　杏　林　大　学　馬田　啓一

Exchange Rate and Tax Policies in an Economic Development Model with Public Capital

報告者　京　都　大　学　佐々木啓明

討論者　専　修　大　学　小川　健

フラッシュトーク／ポスターセッション（12：10～13：30）

（会場：フラッシュトーク　本館30教室，ポスターセッション　本館3階ホール）

フラッシュトーク（会場：本館30教室）

座　長　学　習　院　大　学　椋　寛

援助に関する rent-seeking を導入した mixed oligopoly モデルによる援助の差別化に関する分析

報告者　静岡県立大学　飯野　光浩

A North-South Model of Outsourcing and Growth

報告者　大阪大学大学院　斎藤　佑樹

Human Resources Development in Promotion of Technical Skills and Technological Levels in Vietnam: Transfer of Technology from Japan（E）（J）

報告者　立命館大学大学院　Huong Quynh NGUYEN

日本におけるプラント輸出の決定要因

報告者　武　蔵　野　大　学　小坂　賢太

Which Gain is Larger? Bilateral Trade Agreement with US vs WTO Accession: The Case of Vietnam（E）（J）

報告者　横浜国立大学大学院　Enkhmaa BATTOGTVOR

中国国家資本主義の国家統合

報告者　いわき明星大学　末永　茂

Can Fishing Quotas be Justified under Common Price of Shared Resources?

報告者　専 修 大 学　　小川　　健

昼食　　　　12：40～13：30
理事会　　　12：40～13：30（会場：7号館7091教室）
学会賞授与式・受賞者記念講演　13：50～14：50（会場：本館47教室）
第12回小島清賞研究奨励賞・受賞記念講演
「企業ネットワークの分析―社会実験・大規模データの利用―」

早 稲 田 大 学　　戸堂　康之

★午後の部　共通論題（15：00 ～ 18：30）（会場：本館47教室）
共通論題　比較優位論の現代的意義：『経済学および課税の原理』出版200年記念

座 長　慶應義塾大学　　木村　福成
京 都 大 学　　佐々木啓明
リカードはリカード・モデルを提示したのか

報告者　同 志 社 大 学　　田淵　太一
討論者　神 奈 川 大 学　　鳴瀬　成洋
リカード新解釈と生産・貿易のネットワーク理論

報告者　大阪市立大学　　塩沢　由典
討論者　九 州 大 学　　石田　　修
リカード・マルクス型貿易理論を目指して

報告者　立 命 館 大 学　　板木　雅彦
討論者　関 西 大 学　　高増　　明

★懇親会　19：00 ～ 21：00（会場：TIKA 水道橋店）

【大会第2日目】
★午前の部　自由論題／企画セッション（9：30 ～ 12：00）
第7分科会　【企画セッション】　現代アメリカ経済の歴史的位相とトランプ政権の経済政策―中間所得層の低落をめぐって―（会場：7号館7043教室）

座 長　西南学院大学　　立石　　剛
現代アメリカ経済の歴史的位相とトランプ政権の経済政策―中間所得層の低落をめぐって―

160

会　報

| | 報告者 | 立命館大学 | 中本　　悟 |
| | 討論者 | 立 教 大 学 | 櫻井　公人 |

長期停滞とトランプ政権の経済政策

| | 報告者 | 獨 協 大 学 | 本田　浩邦 |
| | 討論者 | 法 政 大 学 | 増田　正人 |

労働組合の歴史的役割とその変化―労働市場の推移と組合賃金効果―

| | 報告者 | 愛知県立大学 | 中島　　醸 |
| | 討論者 | 駒 澤 大 学 | 瀬戸岡　紘 |

第8分科会　グローバル・バリュー・チェーン（会場：7号館7055教室）

座　長　学習院大学　　乾　　友彦

A Review of the Literature on Productivity Impacts of Global Value Chains and Foreign Direct Investment: Towards an Integrated Approach（E）

| | 報告者 | 神 戸 大 学 | 村上　善道 |
| | 討論者 | 慶應義塾大学 | 木村　福成 |

Participation in the Global Value Chains and Domestic Technology Change: Evidence from Japanese Patent-Firm-Matched Data（E）

| | 報告者 | 専 修 大 学 | 伊藤　恵子 |
| | 討論者 | 早稲田大学 | 戸堂　康之 |

Propagation of Shocks due to Natural Disasters through Global Supply Chains（E）

| | 報告者 | 早稲田大学 | 戸堂　康之 |
| | 討論者 | 専 修 大 学 | 伊藤　恵子 |

第9分科会　地域経済統合（会場：7号館7056教室）

座　長　中央大学　　田中　鮎夢

Can RTA Labor Provisions Prevent the Deterioration of Domestic Labor Standards?: The Cases of Statutory Minimum Wages and Employment Protection Regulations（E）

| | 報告者 | 神 戸 大 学 | 鎌田伊佐生 |
| | 討論者 | 法 政 大 学 | 田村　晶子 |

WTOルールから見た地域貿易協定（RTA）の現状と新たな動き

| | 報告者 | 青山学院大学 | 岩田　伸人 |
| | 討論者 | 杏 林 大 学 | 馬田　啓一 |

地域貿易協定における原産地規則制限性の実証分析

| | 報告者 | 法政大学大学院 | 中岡　真紀 |

161

| | 推薦者 | | 田村　晶子 |
| | 討論者 | 日本貿易振興機構
アジア経済研究所 | 早川　和伸 |

第10分科会　直接投資・多国籍企業1（会場：7号館7057教室）

| | 座　長 | 中 京 大 学 | 近藤　健児 |

知の専有 vs. 知の共有：アジア子会社における現地人材の知識占有問題に関する考察

| | 報告者 | 南 山 大 学 | 林　　尚志 |
| | 討論者 | 京都産業大学 | 大川　良文 |

多国籍企業による垂直的技術移転と排他条件付取引契約に関する経済厚生分析

| | 報告者 | 京都産業大学 | 大川　良文 |
| | 討論者 | 日 本 大 学 | 松原　　聖 |

Wage Inequality, Footloose Capital, and the Home Market Effect

| | 報告者 | 九州産業大学 | 今　　喜史 |
| | 討論者 | 東 京 大 学 | 佐藤　泰裕 |

第11分科会　アジア経済2（会場：7号館7044教室）

| | 座　長 | 立 教 大 学 | 郭　　洋春 |

中国国家資本主義の国家統合

| | 報告者 | いわき明星大学 | 末永　　茂 |
| | 討論者 | 拓 殖 大 学 | 杜　　進 |

一帯一路は中国型成長に代わり各国最適成長を支援できるか

| | 報告者 | 経 済 産 業 省 | 榎本　俊一 |
| | 討論者 | 日本貿易振興機構
アジア経済研究所 | 梅﨑　　創 |

中国経済・新常態の対外不均衡

| | 報告者 | 日本国際フォーラム | 坂本　正弘 |
| | 討論者 | 中 央 大 学 | 中條　誠一 |

第12分科会　国際金融・国際マクロ経済（会場：7号館7042教室）

| | 座　長 | 京 都 大 学 | 岩本　武和 |

金融構造と経済成長―東南アジアの証券市場育成支援は正しい方向か―

| | 報告者 | 獨 協 大 学 | 木原　隆司 |
| | 討論者 | 一 橋 大 学 | 小川　英治 |

日系企業から観たアジア通貨の位置付けの変化〜アジア通貨危機から20年を迎えて

| | 報告者 | 亜 細 亜 大 学 | 赤羽　　裕 |
| | 討論者 | 東 洋 大 学 | 川崎健太郎 |

会　報

昼食	12：10〜13：00
理事会	12：10〜13：00（会場：7号館7091教室）
会員総会	13：10〜13：50（会場：7号館講堂）
会長講演	14：00〜14：30（会場：7号館講堂）

★午後の部　自由論題／企画セッション（14：40〜17：10）

第13分科会　【企画セッション】　国際経済の中のロシアと日本（会場：7号館7043教室）

座　長　青山学院大学　　岩田　伸人

国際経済環境の変化とロシアの経済成長・経済政策

報告者　京都大学　　溝端佐登史

討論者　新潟大学　　小山　洋司

ユーラシア経済連合がロシア産業に及ぼす効果―医薬品の事例を中心に―

報告者　ロシアNIS貿易会ロ　　服部　倫卓
　　　　シアNIS経済研究所

討論者　国際金融情報センター　　一ノ渡忠之

ロシアの対アジア太平洋地域戦略の変化と極東開発の展望

報告者　京都経済短期大学　　安木新一郎

討論者　三菱商事　　酒井　明司

第14分科会　【企画セッション】　EU経済統合は域内成長をもたらしたのか？　格差を拡大させたのか？（会場：7号館7044教室）

座　長　摂南大学　　久保　広正

ECBの金融政策と企業の資金調達―金融政策は成長に基盤となりえたのか？―

報告者　奈良学園大学　　岩見　昭三

討論者　東洋大学　　川野　祐司

EUにおける産業集積と地域間格差

報告者　福岡大学　　松永　達

討論者　関西大学　　高屋　定美

EU単一市場における国際生産要素移動

報告者　静岡大学　　安藤　研一

討論者　東洋英和女学院大学　　高﨑　春華

第15分科会　国際貿易2（会場：7号館7055教室）

座　長　慶應義塾大学　　大久保敏弘

On Measuring Welfare Changes when Varieties are Endogenous（E）

163

報告者	日 本 大 学	村田　安寧
討論者	東 京 大 学	Michal FABINGER

The Average-Marginal Relationship and Tractable Equilibrium Forms（E）

報告者	東 京 大 学	Michal FABINGER
討論者	日 本 大 学	村田　安寧

Daily Gravity（E）

報告者	小田賞受賞者 法政大学／University of British Columbia	武智　一貫
討論者	青山学院大学	伊藤　萬里

第16分科会　国際政治経済学（会場：7号館 7042 教室）

座　長	明 治 大 学	小林　尚朗

多国籍企業とグローバル生産システム

報告者	九 州 大 学	石田　修
討論者	立 命 館 大 学	板木　雅彦

英ポルトガル同盟関係の研究

報告者	四 国 大 学	蔵谷　哲也
討論者	明 治 大 学	所　康弘

第17分科会　直接投資・多国籍企業 2（会場：7号館 7056 教室）

座　長	京 都 大 学	佐々木啓明

Wage Markdowns and FDI Liberalization（E）

報告者	一 橋 大 学	杉田　洋一
討論者	日本貿易振興機構 アジア経済研究所	町北　朋洋

日本と韓国の多国籍企業による東アジアにおける直接投資先の決定要因

報告者	早稲田大学大学院	白　映旻
推薦者		浦田秀次郎
討論者	慶應義塾大学	清田　耕造

The Cross-Border Electronic Commerce: Evidence from Six Countries

報告者	阪 南 大 学	伊田　昌弘
討論者	中 央 大 学	田中　鮎夢

第18分科会　国際寡占理論（会場：7号館 7057 教室）

座　長	上 智 大 学	蓬田　守弘

Production Location of Multinational Firms under Transfer Pricing: The Impact of the Arm's

会　報

Length Principle（E）

報告者	慶應義塾大学	加藤　隼人
討論者	中央大学	小森谷徳純

Free Entry and Social Inefficiency under Vertical Oligopoly: Revisited（E）

報告者	東北学院大学	倉田　洋
討論者	福島大学	荒　知宏

第19分科会　グローバル経済2（会場：7号館7058教室）

座長	立命館大学	大田　英明

Human Resources Development in Promotion of Technical Skills and Technological Levels in Vietnam: Transfer of Technology from Japan（E）（J）

報告者	立命館大学大学院	Huong Quynh NGUYEN
推薦者		大田　英明
討論者	名城大学	佐土井有里

日本の政府債務と経済成長

報告者	明海大学	小黒　曜子
討論者	東京工業大学	後藤　美香

【日本国際経済学会第8回春季大会】

　日本国際経済学会第8回春季大会は，2018年6月16日（土）北海道大学において開催されました。以下は，そのプログラムの内容です。なお，論文題目の後に（E）がついている場合は英語で報告が行われたことを，また（J）が付いている場合は求職活動の一環として報告が行われたことをそれぞれ表しています。

【午前の部】

分科会A　FDIの実証研究

会場：1番	座長　青山学院大学	伊藤　萬里

A-1　Potentials and Impediments for Foreign Direct Investment in Japan

報告者	慶應義塾大学	清田　耕造
討論者	青山学院大学	伊藤　萬里

A-2　対外直接投資収益率の決定要因：日米の比較

報告者	武蔵大学	大野　早苗

165

| | 討論者 | 慶應義塾大学 | 清田　耕造 |

A-3　地域貿易協定と投資環境整備によるFDIへの効果：日本からのFDIを巡って

	報告者	滋賀大学大学院	孫　　綺蔚
	推薦者		小倉　明浩
	討論者	新潟県立大学	鎌田伊佐生

分科会B　開発・技術・多国籍企業

会場：2番　　　　　　　　　　座　長　近 畿 大 学　　丸山佐和子

B-1　海外直接投資とインド製造業の技術革新：前方連関を通したスピルオーバー効果の検証

| | 報告者 | 大阪成蹊大学 | 藤森　　梓 |
| | 討論者 | 学 習 院 大 学 | 乾　　友彦 |

B-2　メキシコ自動車部品の日系自動車メーカーのグローカル経営の可能性に関する文献調査研究

| | 報告者 | 名古屋工業大学 | 竹野　忠弘 |
| | 討論者 | 大阪市立大学 | 高橋　信弘 |

B-3　中国における特許補助政策と特許の質

| | 報告者 | 専 修 大 学 | 李　　春霞 |
| | 討論者 | 東京経済大学 | 長岡　貞男 |

分科会C　貿易・環境

会場：5番　　　　　　　　　　座　長　一 橋 大 学　　石川　城太

C-1　貿易の多様化に関する実証分析

| | 報告者 | 京 都 大 学 | 胡　　洪濱（J） |
| | 討論者 | 甲 南 大 学 | 青木　浩治 |

C-2　Lerner Meets Metzler: Tariff Pass-through of the World-wide Trade

| | 報告者 | 学 習 院 大 学 | 椋　　　寛 |
| | 討論者 | 一 橋 大 学 | 石川　城太 |

C-3　Pollution Externalities and Corrective Taxes in a Dynamic Small Open Economy

| | 報告者 | 関 西 大 学 | 中元　康裕 |
| | 討論者 | 北 海 道 大 学 | 板谷　淳一 |

分科会D　貿易・集積

会場：6番　　　　　　　　　　座　長　中 京 大 学　　近藤　健児

会　報

D-1　Parallel Imports in Large Developing Countries

報告者　東 北 大 学　　曽　　道智

討論者　名古屋市立大学　川端　　康

D-2　Product Life-Cycle and Geography of Innovation（E）

報告者　ウィスコンシン
　　　　大学大学院　　坂本　陽子（J）

推薦者　　　　　　　　Kamran Bilir

討論者　同 志 社 大 学　デービス・コーリン

D-3　価格ニュメレールと国際不等労働量交換：リカード・マルクス型貿易理論より

報告者　立 命 館 大 学　板木　雅彦

討論者　神 奈 川 大 学　鳴瀬　成洋

昼食　　　12：30〜13：40

理事会　　12：35〜13：35（会場：W103）

【午後の部】

分科会 E　貿易・開発・地域統合

会場：1 番　　　　　　　　　座　長　京 都 大 学　　伊藤　公二

E-1　From Production Pioneers to Export Pioneers（E）

報告者　日本貿易振興機構
　　　　アジア経済研究所　早川　和伸

討論者　学 習 院 大 学　椋　　　寛

E-2　Export Products Sophistication and Preferential Trade in the SADC: Lessons from ASEAN Developmental Regionalism（E）

報告者　明治大学大学院　Ramiarison Hery Maholisoa（J）

推薦者　　　　　　　　小林　尚朗

討論者　獨 協 大 学　　木原　隆司

E-3　Participation in the Global Value Chains and Productivity Catch-up: Microeconomic Evidence Based on the Firms from Indonesia and China（E）

報告者　中 央 大 学　　伊藤　恵子

討論者　京 都 大 学　　神事　直人

分科会 F　金融政策・国際金融

会場：2 番　　　　　　　　　座　長　明 治 大 学　　勝　　悦子

F-1　中国・人民元「国際化」と現代の国際通貨システム：世界経済秩序のパラダイム転換か

167

報告者	京都女子大学	鳥谷	一生

討論者　中央大学　中條　誠一

F-2　非伝統的金融政策の決定要因分析

報告者　亜細亜大学　太田瑞希子

討論者　関西大学　高屋　定美

F-3　Stability of Business Cycles and Optimum Currency Area Criteria: A Kaldorian Two-country Model

報告者　中央大学　中尾　将人（J）

討論者　京都大学　佐々木啓明

分科会G　債務・仮想通貨

会場：5番　　座　長　國學院大学　細井　長

G-1　New African Debts in the Post-crisis International Economy

報告者　東京外国語大学　出町　一恵

討論者　日本貿易振興機構アジア経済研究所　平野　克己

G-2　Trade Costs of Sovereign Debt Restructurings: Does a Market-Friendly Approach Improve the Outcome?

報告者　アイダホ大学　笹原　彰

討論者　中央大学　吉見　太洋

G-3　非技術/情報系の経済系に仮想通貨・ビットコイン・ブロックチェーンをいかに教えるか：国際金融・国際経済の学部生用講義を想定して

報告者　専修大学　小川　健

討論者　広島市立大学　高久　賢也

分科会H　貿易・労働市場

会場：6番　　座　長　学習院大学　乾　友彦

H-1　Trade Effects on Wage Inequality through Worker and Firm Heterogeneity

報告者　慶應義塾大学　遠藤　正寛

討論者　近畿大学　丸山佐和子

H-2　Globalization and within-firm Wage Inequality: Evidence from Japan

報告者　弘前大学　桑波田浩之

討論者　宮崎公立大学　稲田　光朗

H-3　Trade Exposure and Electoral Protectionism: Evidence from Japanese Politician-level Data

会　報

報告者　青山学院大学　　伊藤　萬里

討論者　慶應義塾大学　　松浦　寿幸

北海道開催記念講演「北海道の未来」　16：20〜17：20

会場：W103　　　　　　　　　座　長　北海道大学　　須賀　宣仁

　「北海道域外取引論：国際経済学の視点から」

報告者　慶應義塾大学　　遠藤　正寛

　「北海道工業化論：開発経済学の視点から」

報告者　小樽商科大学　　穴沢　眞

懇親会：ファカルティハウス　レストラン「エルム」　17：30〜19：00

【会員総会の議決と決定】

会員総会（第76回全国大会第2日）

　日本国際経済学会第76回全国大会第2日の会員総会は，2017年10月22日（日）13時10分～13時30分，日本大学経済学部7号館講堂において，当日開催された理事会の提案議事に従い，古沢泰治副会長（一橋大学［2017年10月時点］）を議長として開催され，以下の議題を討議・承認・発表しました。

　なお，議題に先立ち，平成29（2017）年5月2日にご逝去された大山道廣元日本国際経済学会会長・慶應義塾大学名誉教授，および同年7月22日にご逝去された池間　誠元日本国際経済学会会長・一橋大学名誉教授のご両名のご冥福をお祈りして，1分間の黙祷を行いました。

1. 平成28（2016）年度事業報告について（報告事項）

　中西訓嗣会長（神戸大学）より，次の通りの報告が行われた。

（1）第6回春季大会開催（2016年6月4日　学習院大学）

（2）第75回全国大会開催（2016年10月29～30日　中京大学）

（3）機関誌『国際経済（日本国際経済学会研究年報）』第67巻発行

（4）機関誌『The International Economy』Vol. 19発行

（5）第11回小島清賞各賞，及び第6回特定領域研究奨励賞（小田賞）の授賞

（6）韓国国際経済学会への研究者派遣

2. 平成28（2016）年度一般会計決算（案）について（審議事項）

　市野泰和常任幹事より，標記について説明が行われ，審議した結果，これを承認した。【「日本国際経済学会ニュース」2017年9月24日，3ページ参照】

3. 平成28（2016）年度特別事業活動基金決算（案）について（審議事項）

　市野泰和常任幹事より，標記について説明が行われ，審議した結果，これを承認した。【「日本国際経済学会ニュース」2017年9月24日，4ページ参照】

4. 平成28（2016）年度小島清基金決算（案）について（審議事項）

　市野泰和常任幹事より，標記について説明が行われ，審議した結果，これを承認した。【「日本国際経済学会ニュース」2017年9月24日，4ページ参照】

5. 平成29（2017）年度事業（案）について（審議事項）

　中西訓嗣会長（神戸大学）より，次の通りの報告が行われ，審議の結果，これを承認した。

（1）第7回春季大会開催（2017年6月10日　松山大学）

170

会　報

(2) 第76回全国大会開催（2017年10月21〜22日　日本大学）

(3) 機関誌『国際経済（日本国際経済学会研究年報）』第68巻発行予定

(4) 機関誌『The International Economy』Vol. 20発行予定

(5) 第12回小島清賞各賞，及び第7回特定領域研究奨励賞（小田賞）の授賞

(6) 韓国国際経済学会への研究者派遣（伊藤萬理氏（青山学院大学），蔡　大鵬氏（南山大学），稲葉千尋氏（大阪外国語大学）の3名を派遣し，高麗大学にて開催された）

6. 平成29（2017）年度一般会計予算（案）について（審議事項）

市野泰和常任幹事より，標記について説明が行われ，審議した結果，これを承認した。

【「日本国際経済学会ニュース」2017年9月24日，5ページ参照】

7. 平成29（2017）年度特別事業活動基金予算（案）について（審議事項）

市野泰和常任幹事より，標記について説明が行われ，審議した結果，これを承認した。

【「日本国際経済学会ニュース」2017年9月24日，6ページ参照】

8. 平成29（2017）年度小島清基金予算（案）について（審議事項）

市野泰和常任幹事より，標記について説明が行われ，審議した結果，これを承認した。

【「日本国際経済学会ニュース」2017年9月24日，6ページ参照】

9. 新入会員について（報告事項）

標記について，中西訓嗣会長（神戸大学）より，「日本国際経済学会ニュース」2017年9月24日，7ページに掲載された16名・機関に加えて，本日の理事会において新たに20名・機関（うち再入会員1名，法人維持会員1機関）の入会申し込みが理事会において承認されたとの報告が行われた。【会員総会「議題9資料」，2018年1月14日発行ニュースレター参照】

10. 経済学会連合会評議員の交代について（報告事項）

標記について，中西訓嗣会長（神戸大学）より，馬田啓一評議員（杏林大学名誉教授），浦田秀次郎評議員（早稲田大学）に代わって，次年度の平成30（2018）年度より乾友彦理事（学習院大学），戸堂康之幹事（早稲田大学）に評議員を委嘱する旨の報告が行われた。

11. 第8回（2018年度）春季大会・第77回（2018年度）全国大会の開催機関について（報告事項）

標記について，中西訓嗣会長（神戸大学）より，2018年6月16日（土）北海道大学にて開催予定であること，併せて久保田肇氏（北海道大学）を特命理事（任期1年）に指名したとの発表が行われた。

171

また，中西訓嗣会長（神戸大学）より，第77回（2018年度）全国大会は，2018年10月13日（土）・14日（日）の両日に関西学院大学において，広瀬憲三理事（関西学院大学）を大会準備委員長として開催予定であるとの発表が行われた。

12. 第77回（2018年度）全国大会「プログラム委員会」の委員長について（報告事項）

標記について，中西訓嗣会長（神戸大学）より，西山博幸理事（兵庫県立大学）をプログラム委員会委員長として指名したとの発表が行われた。なお，プログラム委員会メンバーは後日，会員ニュースレターでお知らせするとの補足説明があった。【2018年1月14日発行ニュースレター参照】

13. 「投稿論文審査」内規の改正について（報告事項）

標記について，中西訓嗣会長（神戸大学）より，投稿論文審査の査読謝金に関する内規改正が理事会において承認されことが報告された【会員総会資料「議題13資料」参照】。なお，理事会審議に先行して当案件がニュースレターに記載されたことに対して，お詫びがなされた。

14. その他

中西訓嗣会長（神戸大学）より，第76回（2017年度）全国大会開催機関の齋藤哲哉準備委員長（日本大学），井尻直彦日本大学経済学部長，および準備委員会メンバー・日本大学スタッフに対して謝辞が述べられた。

【役員名簿（2016年10月～2018年10月）】

会長（定員1名）

中西　訓嗣（神戸大学）

副会長（定員1名）

古沢　泰治（東京大学）

常任理事（定員10名）

青木　浩治（甲南大学）	遠藤　正寛（慶應義塾大学）
岡本　久之（兵庫県立大学）	近藤　健児（中京大学）
櫻井　公人（立教大学）	神事　直人（京都大学）
冨浦　英一（一橋大学）	中本　悟（立命館大学）
椋　寛（学習院大学）	蓬田　守弘（上智大学）

会　報

理事（定員 24 名）

石田　　修（九州大学）　　　　伊澤　俊泰（名古屋学院大学）

板木　雅彦（立命館大学）　　　伊藤　恵子（中央大学）

伊藤　萬里（青山学院大学）　　乾　　友彦（学習院大学）

井上　　博（阪南大学）　　　　大川　良文（京都産業大学）

郭　　洋春（立教大学）　　　　小林　尚朗（明治大学）

小森谷徳純（中央大学）　　　　妹尾　裕彦（千葉大学）

大東　一郎（慶應義塾大学）　　武智　一貴（法政大学）

竹野　忠弘（名古屋工業大学）　田中　綾一（駒澤大学）

中嶋　慎治（松山大学）　　　　鳴瀬　成洋（神奈川大学）

西山　博幸（兵庫県立大学）　　蓮見　　雄（立教大学）

東田　啓作（関西学院大学）　　広瀬　憲三（関西学院大学）

古川　純子（聖心女子大学）　　増田　正人（法政大学）

特命理事

久保田　肇（北海道大学）　　　齋藤　哲哉（日本大学）

柴山　千里（小樽商科大学）　　趙　　来勲（神戸大学）

監事（若干名）

小川　英治（一橋大学）　　　　柴田　　孝（大阪商業大学）

柳瀬　明彦（名古屋大学）

幹事（定員約 20 名）※は常任幹事
【関東支部】

井尻　直彦（日本大学）　　　　伊藤　　匡（学習院大学）

川野　祐司（東洋大学）　　　　清田　耕造（慶應義塾大学）

芹澤　伸子（新潟大学）　　　　戸堂　康之（早稲田大学）

松浦　寿幸（慶應義塾大学）

【中部支部】

太田代（唐澤）幸雄（南山大学）　川端　　康（名古屋市立大学）

柳原　光芳（名古屋大学）

173

【関西支部】

伊田　昌弘（阪南大学）　　　　市野　泰和（甲南大学）※

川越　吉孝（京都産業大学）　　福井　太郎（近畿大学）

立石　　剛（西南学院大学）　　松永　　達（福岡大学）

丸山佐和子（近畿大学）

顧問（就任順）

渡部福太郎（学習院大学名誉教授）　　本山　美彦（国際経済労働研究所理事長・所長）

池間　　誠（一橋大学名誉教授）[(1)]　　井川　一宏（神戸大学名誉教授）

大山　道廣（慶應義塾大学名誉教授）[(2)]　関下　　稔（立命館大学名誉教授）

田中　素香（中央大学）　　　　阿部　顕三（大阪大学）

木村　福成（慶應義塾大学）　　岩本　武和（京都大学）

石川　城太（一橋大学）

[(1)] 2017 年 7 月 22 日，ご逝去されました。

[(2)] 2017 年 5 月 2 日，ご逝去されました。

出版委員会

委員長　　近藤　健児（中京大学）

副委員長　神事　直人（京都大学）

委員　　　石田　　修（九州大学）　　伊藤　恵子（中央大学）

　　　　　乾　　友彦（学習院大学）　小川　英治（一橋大学）

　　　　　櫻井　公人（立教大学）　　中本　　悟（立命館大学）

　　　　　濱田　弘潤（新潟大学）　　東田　啓作（関西学院大学）

　　　　　増田　淳矢（中京大学）　　山本　和博（大阪大学）

小島清基金運営委員会

委員長　　石川　城太（一橋大学）

委員　　　浦田秀次郎（早稲田大学）　大川　昌幸（立命館大学）

　　　　　岡本　久之（兵庫県立大学）木村　福成（慶應義塾大学）

　　　　　大東　一郎（慶應義塾大学）〈事務局長〉

　　　　　趙　　来勲（神戸大学）

特定領域研究奨励賞（小田賞）審査委員会

委員長　　中西　訓嗣（神戸大学）

会　報

委員　　　　冨浦　英一（一橋大学）　　　　椋　　　寛（学習院大学）
　　　　　　柳瀬　明彦（名古屋大学）

その他日本国際経済学会関係者
日本経済学会連合評議員
　2017年度　馬田　啓一（杏林大学）　　　　浦田秀次郎（早稲田大学）
　2018年度　乾　　友彦（学習院大学）　　　　戸堂　康之（早稲田大学）

【役員の業務分担】（◎印は責任者）

	【関東支部】	【中部支部】	【関西支部】
本部関係			
〈総務担当〉			
常任理事	冨浦　英一	近藤　健児	◎青木　浩治
			岡本　久之
理事	蓮見　　雄		
	大東　一郎		
幹事	川野　祐司		
ニュース			
理事	◎郭　　洋春		西山　博幸
	伊藤　萬里		
幹事			福井　太郎
HP			
常任理事	◎櫻井　公人		
理事	小森谷徳純		大川　良文
幹事	松浦　寿幸		
会員名簿			
理事	◎妹尾　裕彦	伊澤　俊泰	井上　　寛
	古川　純子		広瀬　憲三
幹事	芹澤　伸子	太田代（唐澤）幸雄	伊田　昌弘
〈財務担当〉			
常任理事	◎遠藤　正寛		
理事	武智　一貴	竹野　忠弘	板木　雅彦

175

幹事　　　　　　　　　　　　　　　　　　　市野　泰和
　　　　　　　　　　　　　　　　　　　　　（常任幹事）
〈編集・出版担当〉
　常任理事　　　　　　　　　◎近藤　健児　　　　神事　直人
　理事　　　　乾　　友彦　　　　　　　　　　石田　　修
　　　　　　　伊藤　恵子　　　　　　　　　　東田　啓作
　幹事　　　　清田　耕造　　　　　　　　　　丸山佐和子
〈企画・渉外担当〉
　常任理事　　蓬田　守弘　　　　　　　　　◎中本　　悟
　　　　　　　椋　　　寛
　理事　　　　鳴瀬　成洋　　　伊澤　俊泰
　　　　　　　増田　正人
　特命理事　　柴山　千里　　　　　　　　　　趙　　来勲
　幹事　　　　井尻　直彦　　　川端　　康
〈監査〉
　監事　　　◎小川　英治　　　柳瀬　明彦　　　柴田　　孝
支部関係
　常任理事　　冨浦　英一　　　近藤　健児　　　岡本　久之
　理事　　　　小林　尚朗　　　　　　　　　　中嶋　慎治
　　　　　　　田中　綾一
　幹事　　　　伊藤　匡　　　　柳原　光芳　　　川越　吉孝
　　　　　　　戸堂　康之　　　　　　　　　　立石　　剛
　　　　　　　　　　　　　　　　　　　　　松永　　達

《各支部の活動報告》
　本年度も全国大会・春季大会に加え，各支部において活発な研究会・シンポジウム活動等が行われました。以下は，2017 年 8 月～2018 年 7 月の一年間における各支部の活動報告です。

【関東支部】
◎定例研究会
　日時　2017 年 11 月 18 日（土）午後 2 時～5 時

176

会　報

会場　日本大学経済学部　7 号館 9 階　7091 教室

報告1　グローバル経済社会と統合経済—資本主義の多様性を背景として

報告者　門田　清（東京国際大学）

報告2　Trade Policy and Production Location with Cross-Border Unbundling

報告者　小橋　文子（青山学院大学）

◎定例研究会

日時　2017 年 12 月 16 日（土）午後 2 時〜5 時

会場　日本大学経済学部　7 号館 9 階　7091 教室

報告1　Labor market imperfections, markups and productivity in multinationals and exporters　　　　報告者　清田　耕造（慶應義塾大学）

報告2　Export dynamics and invoicing currency

報告者　早川　和伸（ジェトロ・アジア経済研究所）

◎新春特別シンポジウム『米国トランプ政権と国際貿易』

日時　2018 年 1 月 20 日（土）午後 2 時〜5 時 30 分

会場　日本大学経済学部　7 号館講堂　　　座　長　冨浦　英一（一橋大学）

報告1　米トランプ政権の通商政策と日本経済

報告者　清田　耕造（慶應義塾大学）

報告2　メキシコから見た NAFTA を始めとした米国の通商政策

報告者　所　康弘（明治大学）

報告3　トランプ政権の反グローバリズムから見た国際経済ルール

報告者　川瀬　剛志（上智大学）

◎定例研究会

日時　2018 年 4 月 21 日（土）午後 2 時〜5 時

会場　日本大学経済学部　7 号館 4 階　7041 教室

報告1　Transfer Pricing Regulations and Incentives of Foreign Direct Investment

報告者　小森谷徳純（中央大学）

報告2　New African debts in the post-crisis international economy

報告者　出町　一恵（東京外国語大学）

◎定例研究会

日時　2018年5月19日（土）午後2時〜5時

会場　日本大学経済学部　7号館9階　7041教室

報告1　Wage Markdowns and FDI Liberalization

報告者　杉田　洋一（一橋大学）

報告2　Discussions for Policies after Brexit in the UK in the area of agriculture, food and related trade

報告者　桑原田智之（農林水産政策研究所）

◎定例研究会

日時　2018年7月21日（土）午後2時〜5時

会場　日本大学経済学部　7号館9階　7041教室

報告1　Spillovers as a Driver to Reduce Ex-post Inequality Generated by Randomized Experiments: Evidence from an Agricultural Training Intervention

報告者　真野　祐吉（一橋大学）

報告2　「ドル化」政策の実態的検討—通貨論と世界経済論の複眼的な視点から

報告者　星野　智樹（内閣府経済社会総合研究所）

【中部支部】

◎冬季大会

日時　2017年12月9日（土）午後1時20分〜

会場　名古屋大学（東山キャンパス）経済学部2階　第1会議室

座　長　近藤　健児（中京大学）

報告　　International Aspects on the European Banking Union (EBU): Methodology on Harmonization of Banking Regulation and Supervision

報告者　佐藤　秀樹（金沢大学）

座　長　柳原　光芳（名古屋大学）

講演1　ツーリズム経済と環境政策

報告者　岡本　久之（兵庫県立大学）

座　長　伊澤　俊泰（名古屋学院大学）

講演2　小島清教授の「比較生産費説」をめぐって

報告者　佐竹　正夫（東北大学名誉教授）

会　報

◎春季大会

日時　2018 年 5 月 26 日（土）午後 1 時 30 分〜

会場　名古屋市立大学　滝子（山の畑）キャンパス　経済学部棟 1 階大会議室

座　長　柳原　光芳（名古屋大学）

報告 1　Tourism, Capital/Labor Inflow, and Regional Development

報告者　古川　雄一（中京大学）

藪内　繁己（愛知大学）

近藤　健児（中京大学）

報告 2　A General Approach to Tariff and Tax Reforms

報告者　都丸　善央（中京大学）

座　長　伊澤　俊泰（名古屋学院大学）

報告 3　FDI Policy and Mixed International Joint Ventures

報告者　太田代幸雄（南山大学）

【関西支部】

◎ 2017 年度第 3 回研究会

日時　2017 年 11 月 18 日（土）午後 3 時 00 分〜5 時 00 分

会場　関西学院大学大阪梅田キャンパス 1003 教室（アプローズタワー 10 階）

第 1 報告　Innovation and Manufacturing Offshoring with Fully Endogenous Productivity Growth

報告者　Colin Davis（同志社大学国際教養インスティテュート）

討論者　森田　忠士（近畿大学経済学部）

第 2 報告　An Analysis of the Trade Impact of Food Safety Standards using the Generalized Gravity Model

報告者　大槻　恒裕（大阪大学大学院国際公共政策研究科）

討論者　中元　康裕（関西大学総合情報学部）

◎ 2017 年度日本国際経済学会関西支部チュートリアル研究会

日時　2017 年 12 月 16 日（土）午後 2 時 00 分〜5 時 00 分

会場　大阪大学豊中キャンパス　法経総合研究棟 5 階 509 教室

テーマ：「貿易と労働」に関する研究のフロンティア

司　会　阿部　顕三（大阪大学大学院経済学研究科）

報告1　貿易と労働に関する最近の研究：サーベイと分析手法
　　　　　　　　　　　報告者　田中　鮎夢（中央大学商学部）
報告2　日本の労働データ概説
　　　　　　　　　　　報告者　神林　　龍（一橋大学経済研究所）
報告3　摩擦的労働市場と貿易
　　　　　　　　　　　報告者　工藤　教孝（名古屋大学大学院経済学研究科）

◎ 2017 年度第 4 回研究会
　日時　2018 年 1 月 20 日（土）午後 3 時 00 分～5 時 00 分
　会場　関西学院大学大阪梅田キャンパス 1003 教室（アプローズタワー 10 階）
　第 1 報告　The Impact of Sectoral Development on Trade through Wage Inequality and
　　　　　　Unemployment
　　　　　　　　　　　報告者　新宅　公志（京都大学大学院経済学研究
　　　　　　　　　　　　　　　　　　　　科ジュニアリサーチャー）
　　　　　　　　　　　討論者　森田　忠士（近畿大学経済学部）
　第 2 報告　Trade Liberalization, Firm Heterogeneity, and the Efficacy of Emission
　　　　　　Standards
　　　　　　　　　　　報告者　杉山　泰之（福井県立大学経済学部）
　　　　　　　　　　　討論者　神事　直人（京都大学大学院経済学研究科）

◎ 2017 年度第 5 回研究会
　日時　2018 年 3 月 17 日（土）午後 3 時 00 分～5 時 00 分
　会場　関西学院大学大阪梅田キャンパス 1408 教室（アプローズタワー 10 階）
　第 1 報告　アメリカにおける貿易収支構造の多層性―従来型貿易統計・企業内貿
　　　　　　易・付加価値貿易からのアプローチ―
　　　　　　　　　　　報告者　小山　大介（宮崎大学テニュアトラック推進機構）
　　　　　　　　　　　討論者　石田　　修（九州大学大学院経済学研究院）
　第 2 報告　BRICS 経済の発展経路―成長回帰分析を用いて―
　　　　　　　　　　　報告者　村上　善道（神戸大学経済経営研究所）
　　　　　　　　　　　討論者　福味　　敦（兵庫県立大学経済学部）

◎ 2018 年度第 1 回研究会
　日時　2018 年 5 月 19 日（土）午後 3 時 00 分～5 時 00 分

会　報

会場　関西学院大学大阪梅田キャンパス 1005 教室（アプローズタワー 10 階）

第 1 報告　　　North-south trade and the environment in general oligopolistic competition

　　　　　　　報告者　斉藤　宗之（奈良県立大学地域創造学部）

　　　　　　　討論者　藤原　憲二（関西学院大学経済学部）

第 2 報告　　　Exhaustible Resources, Welfare, and Technological Progress in the Stochastically Growing Open Economy

　　　　　　　報告者　坪井美都紀（兵庫県立大学大学院経済学研究科博士後期課程）

　　　　　　　討論者　中元　康裕（関西大学総合情報学部）

◎ 2018 年度第 2 回研究会

　日時　2018 年 7 月 21 日（土）午後 3 時 00 分〜5 時 00 分

　会場　阪南大学あべのハルカスキャンパス　セミナー室

　第 1 報告　　　The Dynamic Effect of Openness on Income Distribution and Long-Run Equilibrium

　　　　　　　　報告者　浅海　達也（神戸大学大学院経済学研究科博士後期課程）

　　　　　　　　討論者　國枝　卓真（関西学院大学経済学部）

　第 2 報告　　　Welfare, Tax Discrimination, and Horizontal Foreign Direct Investment

　　　　　　　　報告者　森田　忠士（近畿大学経済学部）

　　　　　　　　討論者　川越　吉孝（京都産業大学経済学部）

【九州・山口地区研究会】

　2017 年度　第 2 回研究会

　日時　2017 年 9 月 9 日（土）14：00〜16：30

　場所　西南学院大学図書館 1F 多目的ホール

　第 1 報告　　　中国における自動車メーカーの競争戦略

　　　　　　　　　　　　　報告者　小原　篤次（長崎県立大学）

　　　　　　　　　　　　　討論者　八杉　　理（現代文化研究所）

　第 2 報告　　　中国の地域環境格差に関する実証分析

　　　　　　　　　　　　　報告者　戴　　娟娟（佐賀大学大学院生）

　　　　　　　　　　　　　討論者　日野　道啓（鹿児島大学）

　2017 年度　第 3 回研究会（日本金融学会西日本部会と共催）

　日時　2018 年 3 月 24 日（土）14：00〜17：30

場所　西南学院大学東キャンパス　西南コミュニティセンター
共通論題「世界経済の現局面をどうみるか─国際金融の視点から」
第1報告　　東アジア諸国の資本移動と為替政策─日中韓を中心に─

報告者　山本　一哉（鹿児島大学）

第2報告　　アメリカ金融市場の構造変化とファンド資本主義の展開

報告者　三谷　　進（立教大学）

第3報告　　量的緩和政策の日米欧比較

報告者　伊豆　　久（久留米大学）

全体ディスカッション

【本部・各支部事務局所在地】

　2018年3月より学会業務外部委託先を国際ビジネス研究センターに変更し，同時に日本国際経済学会本部事務局住所を次のように固定することにしました。入退会・異動届け出等は，すべて国際ビジネス研究センター内の本部事務局へご連絡ください。

【本　　　部】　日本国際経済学会　本部事務局
　　　　　　　〒162-0041　東京都新宿区早稲田鶴巻町518　司ビル3F
　　　　　　　国際ビジネス研究センター内
　　　　　　　Tel: 03-5273-0473　Fax: 03-3203-5964
　　　　　　　E-mail: jsie@ibi-japan.co.jp

【本部事務局　総務】
　　　　　　　〒658-8501　神戸市東灘区岡本8-9-1
　　　　　　　甲南大学経済学部　青木浩治研究室気付
　　　　　　　Tel: 078-435-2393（研究室直通）
　　　　　　　Fax: 078-435-2543（経済・法・経営合同事務室）
　　　　　　　E-mail: head-office@jsie.jp

【関東支部】　日本国際経済学会　関東支部事務局
　　　　　　　〒108-8345　東京都港区三田2-15-45
　　　　　　　慶應義塾大学産業研究所　松浦寿幸研究室気付
　　　　　　　Tel: 03-5427-1479（研究室直通）

Fax: 03-5427-1640（事務室）

E-mail: matsuura@sanken.keio.ac.jp

【中部支部】　日本国際経済学会　中部支部事務局

〒 464-8601　名古屋市千草区不老町

名古屋大学大学院経済学研究科　柳原光芳研究室

Tel: 052-789-5952（研究室直通）

Fax: 052-789-5952（同上）

E-mail: jsie.chubu@gmail.com

【関西支部】　日本国際経済学会　関西支部事務局

〒 577-8502　大阪府東大阪市小若江 3-4-1

近畿大学経済学部　福井太郎研究室気付

Tel: 06-4307-3245（研究室直通）

Fax: 06-6726-3213（経済学部事務室）

E-mail: jsie-west@eco.kindai.ac.jp

【日本国際経済学会ホームページ】　https://www.jsie.jp/

日本国際経済学会　会則

[1950 年 6 月 2 日制定，略，1994 年 10 月 16 日改正，2000 年 10 月 22 日改正，2001 年 10 月 20 日改正，2003 年 10 月 5 日改正，2008 年 10 月 11 日改正，2010 年 10 月 16 日改正]

（名称）

第 1 条　本会は日本国際経済学会 The Japan Society of International Economics と称する。

（目的）

第 2 条　本会は国際経済の理論，政策，実情に関する研究およびその普及をはかること
　　　　を目的とする。

（事業）

第 3 条　本会は研究報告会，シンポジウム等の開催，機関誌および出版物の刊行，内外
　　　　学会の連絡，その他本会の目的を達成するために適当と認められる諸事業を行う。

（会員）

第 4 条　本会に入会しようとする者は，本会の目的とする研究に従事する者（大学院博
　　　　士課程または同後期課程在籍者を含む）で，会員 1 名の推薦により所定の申込書
　　　　をもって理事会に申込み，その承認を得なければならない。

　2　会員は所定の会費を納入しなければならない。

　3　会員は研究報告会，シンポジウム等に出席し，また機関誌の配布を受け，これに
　　　投稿することができる。

（維持会員）

第 5 条　本会の目的に賛同し事業の達成を援助するため，所定の維持会費を納入する法
　　　　人を維持会員とする。

　2　維持会員は本会出版物の配布を受け，維持会員の法人に所属する者は，本会の研
　　　究報告会，シンポジウム等に出席できる。

（会費）

第 6 条　本会の会費は次の通りとする。

　　　　　正会員　　　　　　年九千円

　　　　　学生会員　　　　　年五千円

　　　　　法人維持会員　　　年一口（三万円）以上

　2　継続して 3 年間会費の払込みがない場合，会員資格を失うものとする。

（役員）

第7条　本会の会務執行のため理事若干名，会計監査のため監事若干名を置く。

2　本会を代表するため会長1名を置く。会長は理事会において構成員の互選により選任される。

3　会長の職務を補佐するため副会長1名を置く。副会長は理事会において構成員の互選により選任される。

4　常務執行のため常任理事若干名を置く。常任理事は理事の中から会長が委嘱する。

5　理事会は，研究報告会等の開催，機関誌の編集発行，会員名簿の整備，会計等の日常会務を補助するため会員の中から幹事若干名を委嘱し，その中の1名を本部常任幹事とする。

6　本会に顧問を置く。理事長または会長の経験者を顧問とする。

7　理事として選出理事と特命理事を置く。選出理事の選出は，会員による直接選挙をもって行う。その選出方法の詳細は別に定める内規に準拠する。特命理事は，会長が若干名指名する。

選出理事，特命理事の任期は1期2カ年とする。重任を妨げない。ただし，会長および副会長の任期は2期を超えないものとし，原則として1期とする。

8　監事の選任は，会長が候補者を選考し，会員総会において決定する。

監事の任期は1期2カ年とする。重任を妨げない。

（理事会）

第8条　理事および監事を理事会構成員とする。

2　会長は，理事会を主催する。

3　理事会は，本会の事業および運営に関する事柄を企画立案して会員総会に諮り，または報告しなければならない。

4　理事会は，原則として毎年1回開催する。ただし，必要に応じて，会長は年複数回の理事会を招集することができる。

5　理事会は，理事会構成員の過半数の出席（委任状を含む）により成立する。

6　理事会の決定は，出席者の過半数の同意があったときとする。賛否同数のときは，会長が決定する。

7　本会の事務執行に必要な細目は理事会がこれを定める。

8　理事会が特に必要とする場合には，幹事は意見を述べることができる。

9　顧問は理事会に出席し，求めに応じて意見を述べることができる。

10　日本国際経済学会から推薦された日本経済学会連合評議員が日本国際経済学会の理事会構成員でない場合には，日本経済学会連合に関する活動報告および関連する問題の討議のため，理事会への出席を要請する。

（会員総会）

第9条　本会は毎年1回会員総会を開く。理事会が必要と認めたときは，臨時会員総会を開くことができる。

2　会員総会の議長は，その都度会員の中から選出する。

3　会員総会は，本会の事業活動の決定，決算・予算の審議確定，監事の選任等を行うとともに，担当理事および監事から会務について報告を受ける。

4　会員総会における決定は，出席会員の過半数の同意があったときとする。可否同数の場合は議長の決定に従う。

（地方支部および地方支部役員会）

第10条　各地方支部は，その支部に属する理事，監事，幹事，顧問をもって構成する支部役員会を置き，支部の諸事業活動を行う。

2　新たに支部を設けるときには，支部規約を添付して理事会に申し出，承認をえなければならない。

（経費）

第11条　本会の経費は，会費，維持会費，補助金，寄付等により支弁する。

（会則の変更）

第12条　本会会則の変更は理事会で決定の上，会員総会の決議による。

（その他）

第13条　本会の事務所は理事会が定める。

2　本会の名誉を毀損する行為があると認知された場合，理事会の決定により当該会員を除名することがある。

3　学会本部および各地方支部はプライバシー保護のため，会員に関する記録は厳重に保管し，原則として会員名簿の貸出はしない。

「役員・本部機構」内規

［1994 年 10 月 16 日決定，略，2003 年 10 月 5 日改正，2010 年 7 月 17 日改正，2018 年 6 月 16 日改正］

［役員の種類］

1. 本会の役員
   1) 理事，監事，幹事，顧問を役員とする。理事の中から会長，副会長および常任理事を選任する。
   2) 理事および監事が理事会を構成する。
   3) 常任理事，理事，監事，幹事の人数は，理事会で審議した後，会員総会において決定される。
   4) 顧問以外の役員は，本部関係および各支部関係につき，それぞれの会務を分担する。
2. 会長
   1) 会長は，理事会において互選により決定される。互選は原則として副会長の会長としての信任投票の形で行う。
   2) 会長は，本会を代表してその会務を統括し，理事会では議長となる。
3. 副会長
   1) 副会長は，理事会において互選により決定される。
   2) 副会長は，会長を補佐し，会長に事故がある時は，その職務を代行する。
   3) 副会長は，原則として次期会長に選任される。
4. 理事・常任理事
   1) 理事として選出理事と特命理事を置く。
   2) 理事は，選出理事，特命理事ともに，正会員の中から選出・指名される。
   3) 選出理事の選出は，会員による直接選挙をもって行う。特命理事は，会長が指名する。特命理事は，理事会における正副会長の選任には関与できないが，それ以外の会務については選出理事と同等の資格を有するものとする。
   4) 常任理事は，理事の中より，会長が若干名を指名する。
   5) 常任理事および理事は，「常任理事・理事の職務分担内規」に定める会務および総会の議決する会務を執行する。
5. 監事
   1) 監事の選任は，会長が候補者を選考し，会員総会において決定する。

2）監事候補者は，正会員の中から選出される。

3）監事は，理事会における正副会長の選任には関与できないものとする。

4）監事は，本会の会計を監査する。

6. 幹事

1）常任理事・理事の任務を補佐するため，幹事若干名をおく。

2）幹事は，正会員の中から，常任理事・理事の推薦により，会長が任命する。

3）会長は，幹事の任命について理事会に報告し，了承を得るものとする。

4）幹事は，理事会の要請があるとき理事会に出席し，意見を述べることができる。

7. 顧問

1）顧問は理事会において決定される。

2）会長経験者を顧問候補者とする。ただし，役員定年までであれば，会長経験者が理事・監事候補者に選ばれることは妨げない。

3）顧問は理事会に出席し，議長の求めに応じて意見を述べることができる。

4）顧問の身分は，本人からの申し出がない限り，終身とする。

8. 役員就任承諾書

1）役員を決定したときは役員就任承諾書を送付し，就任承諾の返事を求める。

2）所属機関における重職就任，海外出張，病気療養等のため，長期にわたって本会の職務を分担できない場合は，理事，監事，幹事の就任を遠慮していただくことを明記する。

［役員数］

1. 役員（顧問を除く）の人数は次の通りとする。

会長	1名
副会長	1名
常任理事	10名
＊理事（選出理事）	36名（会長，副会長および常任理事を含む）
＊理事（特命理事）	若干名
＊監事	若干名
常任幹事	1名
＊幹事	約20名

以上合計（＊印）約60名

2. 役員（顧問を除く）の支部別配分は，支部別の会員数のほか，支部活動に必要な基本的役員数，本部事務局の担当，等を考慮の上，関東，中部，関西の3支部役

員会の合議によって決定する。

支部別選出理事数は，当面，関東20名，中部3名，関西13名とする。支部別常任理事数は，当面，関東5名，中部1名，関西4名とする。特命理事は支部別理事定員の枠外とする。支部別監事数は，各支部1名ずつとする。

3. 一機関の役員数

1）同一機関からの選出理事は2名を上限とする。選出理事，監事，幹事を合わせ，原則として同一機関から2名を上限とする。

2）本部事務局および支部事務局の担当機関については，選出理事，幹事（ただし，常任理事をのぞく）を合わせ，3名まで選出することができる。

3）会長は正会員の中から特命理事を若干名指名することができる。特命理事は，本部事務局機関・全国大会主催機関としての業務を担ってもらうため，選出理事として女性・外国人が選出されなかったときの手当のため，地方・若手会員などとの情報・意見交換の必要性を満たすため，その他本会の活動上の必要性を満たすために，指名することができる。特命理事は，同一機関選出理事数限度枠にしばられない。また，役員改選年でないときでも指名することができる。その場合，任期は会長の任期に準ずるものとする。

［役員就任の年齢］

顧問を除く役員は，役員就任の際，その改選年の3月31日現在で65才未満の者とする。

［役員の任期］

1）役員（顧問を除く）の任期は2年とする。

2）会長および副会長の任期は，原則として1期2年とする。事情により再選されることができる。3選されることはできない。

3）その他の役員は，定年規定の範囲内で，重任できる。

4）任期途中に選出された役員の任期は，当該任期の残存期間とする。

［役員の退任・補充］

1）役員は，任期満了により退任する。（前出の［役員の任期］を参照）

2）その他，次の場合に任期途中の退任を認める。なお，退任の事実は速やかに，全役員に通知されなければならない。

①役員から，公私のやむをえない理由により本学会での職務分担が不可能のため役員を辞退したい旨，文書により申出があった場合

②役員が死去した場合

③支部幹事校の移転にともなって幹事の交代が必要となる場合

189

3）役員選考年でないときも，理事会構成員に欠員が生じた場合，これを補充することができる。ただし，選出理事の補充は，別に定める内規にもとづき，直接選挙における次点得票者をもっておこなうこととする。

［理事会］

1．理事会の開催と役割

理事会は，会長の招集により開催し，本会の目的の遂行に関する重要事項を審議する。

（1）次の事項については，総会の承認を必要とする。

　　1）事業計画（研究報告全国大会，シンポジウム，講演会，機関誌発行，会員名簿発行，その他出版，内外学会との学術交流，学会記念事業，外国人学者招聘講演，等）

　　2）予算

　　3）決算

　　4）顧問を除く役員の人数

　　5）監事の選任

　　6）年会費

　　7）会則変更

　　8）その他重要事項

（2）次の事項は，理事会が決定する。結果は，会員総会に報告する。

　　1）入会者

　　2）会長・副会長・常任幹事・幹事

　　3）役員の職務分担

　　4）各種の細則・内規・申合せ

　　5）日本経済学会連合の補助事業への推薦者

　　6）その他，会員総会の承認を要しない経常的業務

（3）次の職務につく者は，会長が指名する。

　　1）日本経済学会連合評議員

　　2）日本経済学会連合の英文年報の執筆者

　　3）特命理事

　　4）選出理事選挙の選挙管理委員

2．決定方法

理事会の議決は，出席の理事会構成員の議決権（委任状を含む）の過半数によって決する。

3. 文書による決定の場合

　緊急の決定を要する案件が生じた場合，会長は，文書で全理事会構成員に諮った上，過半数の賛同をえて決定することができる。ただし，理事会において追認をえなければならない。

［会員（個人および法人維持会員）］

　入会資格等は，「会員資格」内規の定めるところによる。

［会員総会］

　　1）会員総会は正会員によって構成される。

　　2）総会は，次の事項を議決する。

　　　1. 事業計画および事業報告の承認

　　　2. 予算，決算の承認

　　　3. 顧問を除く役員の人数

　　　4. 監事の選任

　　　5. 年会費に関する事項

　　　6. 「特別事業活動基金」に関する事項

　　　7. 会則の変更に関する事項

　　　8. その他，理事会で必要と認めた事項

　　3）通常総会は毎年1回開催する。理事会は必要と認めたときは，臨時総会を開催できる。

　　4）総会の議決には，出席正会員の議決権の過半数の賛成を要する。

［事務局］

　1. 本部事務局

　　1）本会に本部事務局を置く。

　　2）本部事務局の所在地は，理事会が定める。

　　3）本部事務局は，常任理事・理事若干名および幹事若干名で運営する。

　　4）本部事務局の出納を担当する幹事を「常任幹事」とよぶ。

　2. 支部事務局

　　1）関東支部，中部支部，関西支部を置き，それぞれ支部事務局を置く。中部支部は愛知県，岐阜県，三重県，石川県，富山県，福井県の範囲とし，中部支部より東の地域を関東支部，西の地域を関西支部とする。

　　2）支部事務局は，各種の支部事業を行う。

「常任理事・理事の職務分担」内規

[1993 年決定，1994 年 10 月 16 日改正，2001 年 10 月 20 日改正，2010 年 7 月 17 日改正，
2012 年 10 月 13 日改正，2018 年 6 月 16 日改正]

[本部関係]

　常任理事・理事の職務分担は次のとおりとするが，各職務につき，常任理事若干名と理事若干名が協力して業務を遂行する。常任理事の 1 名が責任者となる。各責任者は，業務の繁忙程度によって幹事の増員を会長に依頼できる。

　(a)　総務担当

　　①理事会，会員総会における審議事項の整備

　　②各支部事務局との連絡

　　③名簿整備

　　④入会申込受付と資格チェック

　　⑤学会内外の諸通知

　　⑥学会記録

　　⑦外部委託業務の管理

　　⑧機関誌掲載の会報記事

　　⑨日本経済学会連合評議員の選出事務

　　⑩日本経済学会連合の補助事業への推薦決定事務

　　⑪その他，総務に関することがら

　(b)　財務担当

　　①年会費徴収状況の把握

　　②収入管理

　　③支出管理

　　④決算書の作成

　　⑤予算案の作成

　　⑥監事への監査依頼

　　⑦その他，財務に関することがら

　(c)　編集・出版担当

　　①機関誌の発行（年 2 回）

　　②全国大会報告論文集め

　　③投稿論文の募集

④共同研究書の出版

⑤その他，編集・出版に関することがら

(d) 企画・渉外担当

①シンポジウム開催

②講演会開催

③外国人学者招聘講演

④外国人学者招聘の交渉

⑤共同研究

⑥学会記念事業（出版，その他）

⑦内外学会との学術交流

⑧法人維持会員の開拓

⑨その他

(e) 全国大会（プログラム委員会）担当［任期1年］

「全国大会運営」内規のうち，プログラム委員会に関する規定を実践する。

(f) その他，記念事業等の大規模企画については，その都度担当を決める。

［支部関係］

支部の研究報告・シンポジウム・講演会等の事業，および支部運営に関する諸会務を担当する役員若干名をおく。本部関係の職務を兼務することができる。

職務分担は各支部の自主性に任せるが，一般的に，次のような職務がある。支部事務局は，総務および財務を兼務するものとし，場合によっては企画担当にも参加する。

(a) 総務担当　　　支部の研究報告会・大会・シンポジウム・講演会等の連絡。支部
　　　　　　　　　役員会の招集・議題・議事録，本部との連絡，等。

(b) 財務担当　　　決定した運営費を本部から受取り，支部活動に支出する。

(c) 監査担当　　　支部会計を監査。

(d) 企画担当　　　研究報告会，支部大会・総会，シンポジウム，講演会等のテー
　　　　　　　　　マ・報告者・討論者および会場の決定。

(e) 全国大会担当　当該支部に全国大会開催機関が決定した場合，上記プログラム委
　　　　　　　　　員会の委員となる。

「出版委員会の役割」内規

[1994 年 10 月 15 日会員総会決定，2001 年 10 月 20 日改正，2004 年 10 月 10 日改正，
2010 年 7 月 17 日改正]

1. 出版委員会の設置
   (1) 機関誌および出版物の刊行に関する業務を行うため出版委員会を置く。
   (2) 出版委員会は，12 名の正会員で構成される。
   (3) 日本国際経済学会会長は，役員の中から出版委員会の委員長と副委員長を指名する。会長，委員長，副委員長が合議の上，残り 10 名の委員を指名する。
   (4) 委員指名の際には，前の期の出版委員会委員長および同副委員長を協議に加え，アドバイスを受けることができる。
   (5) 委員の任期は 2 年とする。事情により任期途中で交代することができる。任期途中での交代を希望する者は，委員長または同副委員長に申し出ることとする。

2. 出版委員会の組織
   (1) 委員長と副委員長のいずれか一方が機関誌 The International Economy の編集責任者となり，他方が『国際経済』の編集責任者となる。
   (2) 編集責任者の出版関連事務を補佐するため幹事 2 名をおく。
   (3) 投稿論文審査を行うため，編集責任者は，委員の中から審査責任者を選出する。

3. 出版委員会の役割
   (1) 出版委員会は，本部事務局と連携して，機関誌（The International Economy および『国際経済』）の発行に関わる以下の業務を行う。
       1) 機関誌に掲載する論文・記事等の決定および機関誌の編集。
       2) 全国大会共通論題報告者および共通論題討論者への原稿提出依頼。
       3) 投稿論文の募集および投稿の勧奨。
       4) 投稿論文の審査および採否の決定。
       5) 依頼論文を掲載する場合の執筆者の選定と執筆依頼。
       6) 会報記事等の執筆依頼。
       7) 印刷・編集会社との連絡。
       8) その他，機関誌の発行に関連して必要とされることがら。
   (2) 出版委員会は，日本国際経済学会の臨時の出版物の刊行に必要とされる業務を行う。

「投稿論文審査」内規

［1994 年 10 月 15 日会員総会決定，2000 年 10 月 21 日改正，2004 年 10 月 10 日改正，
　　2010 年 7 月 17 日改正，2016 年 6 月 4 日改正，2017 年 10 月 22 日改正］

1. 編集責任者は，投稿を受け付けた論文（投稿論文）を審査に付すか否かについて
   決定する。

2. 編集責任者が明らかに審査に値しないと判断して不採択とした場合，その結果を
   速やかに投稿者に通知する。

3. 投稿論文を審査に付すことを決定した場合，編集責任者は，投稿論文のテーマ・
   内容に配慮しつつ，出版委員会委員の中から当該論文の審査を担当する審査責任
   者 1 名を選任する。

4. 審査責任者は，原則として 1 名の匿名の審査員を選任する。審査責任者は，審査
   員選任の結果を編集責任者に通知する。

5. 審査責任者は，審査員に対して，2 カ月を目処に所定の様式による「審査報告書」
   を提出するよう依頼する。

6. 審査責任者は，審査報告書の督促や論文原稿の手直しの要求等を含めて，審査過
   程における審査員および投稿者へのいっさいの連絡を担当する。

7. 投稿者による論文原稿の手直しは，審査責任者からの改訂要求日から 1 年に限り
   有効とする。

8. 審査責任者は，審査員から提出される「審査報告書」に基づいて所定の様式によ
   る「審査結果」をとりまとめ，編集責任者に送付する。当該「審査結果」は編集
   責任者が出版委員会の記録として保存し，次期出版委員会に引き継ぐ。

9. 編集責任者は，審査責任者より送付された審査結果に基づいて当該投稿論文の採
   否を決定する。また，決定の結果を速やかに投稿者へ採否の結果を通知する。

10. 審査に関するクレーム等に対しては，編集責任者と審査責任者とが連携して対処する。

11. 審査員に対して，担当した投稿論文 1 件ごとに謝礼を支払う。謝礼の金額につい
    ては理事会において別途定める。

12. 投稿論文審査にかかる通信連絡費等の必要経費については，実費を支給する。

［注］審査員への報酬は 1 人 1 万円とし，編集責任者からの通知を受けて本部事務局が
支払う。通信連絡費等必要経費の実費については，審査員，審査責任者および編集責任
者が自己の出費を領収書とともに本部事務局に通知し，本部事務局が各人に支払う。

「選出理事選考」内規

［2003 年 10 月 5 日会員総会決定，2012 年 10 月 13 日改正，2013 年 10 月 12 日改正］

［選挙による選出理事選任］

1. 選出理事は会員による直接選挙によって選任する。

［選挙権］

1. 正会員と学生会員は，選出理事選任のための選挙において選挙権を有する。

［被選挙権］

1. 選挙によって選任される選出理事は，役員改選年の 3 月 31 日時点で満 65 歳未満の正会員とする。

［選挙の方法］

1. 選挙は，全国を一区とした会員による無記名投票によっておこなう。

2. 各会員は，支部の所属を問わず，本学会における全国全ての正会員の中から 8 名を選んで投票する。

3. 総数で 9 名以上を記入した投票は全体を無効とする。また同一の者の複数記入については 1 票と計算する。被選挙権を有しない者への投票は無効とする。連記の定員に満たない投票はすべて有効とする。

4. 下に定める支部別選出理事数枠にそって，得票上位者から支部別に当選としていく。ただし，同一機関からの選出理事数は 2 名を上限とする。また，最下位者が同一得票の場合には抽選によって決定する。

5. ただし，最低必要得票数を 2 票とし，それを下回る場合には当選としない。

［支部別選出理事数］

1. 支部別選出理事数は，支部別会員数と概ね比例配分とする。

2. したがって，「役員・本部機構」内規にあるように，当面，関東 20 名，中部 3 名，関西 13 名とする。役員改選年の前年の理事会において，支部別選出理事数を確定する。

［選挙管理委員会］

1. 選挙は，会長の指名する選挙管理委員 3 名によって構成される選挙管理委員会によっておこなわれる。

2. 選挙管理委員会は，役員改選年の 7 月末までに選出理事選挙の作業を終え，その結果を会長に報告する。

［補充理事選考委員会］

1. 上の投票によって支部別理事の定員を充足できない場合は，補充理事選考委員会を設置し，合議によって理事を補足選考する。
2. 補充理事選考委員会は，支部別会員数に鑑み，当面，会長の指名する関東・関西支部所属の顧問各1名および支部別得票高位者の中から6名（関東3名，中部1名，関西2名）の合計8名からなるものとする。

［女性・外国人理事および特命理事］

1. 上の投票によって女性理事，外国人理事が選任されなかった場合には，会長が原則として各1名を特命理事として指名する。
2. その他の特命理事は，会長が選挙結果を考慮して，理事の地域間，世代間分布のバランス，その他，本会の活動上必要と認めた場合に指名する。
3. 特命理事は支部別理事定員の枠外とする。

［選出理事の補充］

1. 「役員・本部機構」内規にしたがって選出理事が就任を承諾しなかった場合，任期途中で退任した場合には，各支部別選出理事枠にしたがい，最低必要得票数を満たす次点の者を選出理事とする。
2. 補充された選出理事の任期は，退任選出理事の当初の任期の残存期間とする。

「全国大会運営」内規

［1991年10月12日会員総会決定，略，2005年10月16日改正，2012年10月13日改正，
2014年10月25日改正］

1. 全国大会の開催希望の申出と開催機関の決定
   (1) 開催希望機関は，学会本部へ毎年7月末までに申し込む。
   (2) 開催機関の決定は，申し込みの有無にかかわらず理事会で行う。
2. 全国大会準備委員会の設置
   (1) 開催機関に全国大会準備委員会を設置する。
   (2) 全国大会準備委員会は，開催機関および開催地域支部の会員で構成する。
   (3) 開催機関所属の理事1名を全国大会準備委員会の委員長とする。

3. 全国大会準備委員会の役割

全国大会準備委員会は以下の事項に関する作業を行う。

 (1) 全国大会会場の設営。

 (2) 全国大会プログラムの編集・印刷・発送等。

 (3) 全国大会報告要旨集の編集・印刷・発送等。

 (4) 全国大会運営に関連して行われる学会会員との諸連絡。

 (5) その他，全国大会運営に必要とされる事務。

4. プログラム委員会の設置

 (1) プログラム委員会を設置する。

 (2) プログラム委員会は，役員6名および一般の正会員若干名で構成し，前年度
   理事会において会長と開催機関責任者が合議の上指名する。

 (3) プログラム委員のうち1名は，開催機関から選出する。

 (4) 役員6名の委員は，開催地域支部から3名，その他の支部から3名とする。

 (5) プログラム委員会に委員長をおく。委員長は，前年度理事会において会長と
   開催機関責任者が合議の上，役員6名の委員の中から指名する。

 (6) プログラム委員会の中に，自由論題分科会に関する分野別の担当者をおく。

5. プログラム委員会の役割

プログラム委員会は以下の事項に関する決定を行う。

 (1) 共通論題のテーマ，報告者，コメンテーター，および座長。

 (2) 自由論題の分科会のテーマと数，報告者，コメンテーター，および座長。

 (3) 特別報告・日韓セッションの報告者，コメンテーター，および座長。

 (4) 全国大会プログラムの全体の構成。

6. 共通論題報告

 (1) プログラム委員会は，共通論題報告の申込者に対して，「報告概要（1,000字
   程度）」の提出を求める。

 (2) プログラム委員会は，共通論題報告の申込みの有無にかかわらず，国内外の
   研究者に対して共通論題報告あるいは特別報告を依頼できる。この場合，報
   告概要の提出は不要とする。

 (3) プログラム委員会は，本学会会員以外の研究者に共通論題報告に対するコメ
   ンテーターを依頼できる。

7. 自由論題報告

 (1) プログラム委員会は，自由論題の報告者数・分科会数を決定する際，分科会

数を適正に保つとともに，報告について十分な討論を保証するよう報告者数を調整する。

(2) プログラム委員会は，自由論題報告の申込みの有無にかかわらず，正会員に対して自由論題報告を依頼できる。

(3) プログラム委員会は，本学会会員以外の研究者に自由論題報告に対するコメンテーターを依頼できる。

(4) 報告申込みにあたっては，「報告概要（1,000字程度）」の提出を求める。

(5) 報告推薦は被推薦者の了承を得た上で行うこととする。

8. 学生会員の全国大会報告

学生会員は，指導教員または正会員からの推薦があり，プログラム委員会がそれを認めた場合には，全国大会報告が可能である。その場合，推薦者本人の了承を得た上で，報告申込の際に推薦者名を記載し，プログラムにも推薦者名を併記する。

「会員資格」内規

[2001年10月20日制定]

本会会則第4条，第5条，第6条に関して以下の内規を定める。

（会員の種類）

第1条　会員は，個人会員と法人維持会員とする。

第2条　個人会員は，正会員と学生会員とする。

第3条　学生会員は，学生の身分を有する者とする。

（入会資格）

第4条　個人会員への入会資格は，本会の目的とする研究に従事する次のものとする。

(1) 大学等の教育・研究機関に勤務する者および勤務を経験した者

(2) 大学院博士（後期）課程またはそれに準じる課程の在籍者および修了者

(3) 企業・団体等に所属する研究者（少なくとも単独著・共著の研究論文は公表していること）

(4) その他（所属を希望する支部役員会において(1)，(2)，(3)に準じる資格を有すると認められた者）

第5条　法人維持会員としての入会資格は，本会会則第5条に適合する法人とする。

（入会手続き）

第6条　入会を希望する個人は，本会所定の「入会申込書」を学会本部に提出する。

第7条　法人維持会員は，本会所定の「入会申込書」を学会本部に提出する際，申込み団体の概要を記載したパンフレット等を添付する。

（退会）

第8条　退会を希望する会員は，退会希望を文書などにより学会本部に通知しなければならない。

第9条　継続して3年間会費の払込みがない場合，会員資格を失うものとする。

（所属支部）

第10条　個人会員は支部に所属する。

第11条　所属機関の所在地と会員の住所が別の支部に分かれている場合，所属支部はそのどちらかを選択することができる。

第12条　中部支部は愛知県，岐阜県，三重県，富山県，石川県，福井県の範囲とし，中部支部より東の地域を関東支部，西の地域を関西支部とする。

（再入会）

第13条　再入会の申込みは「再入会」であることを明示しなければならない。

第14条　再入会希望者は，入会申込書に加えて，過去の退会時の未納会費を支払わなければならない。

「日本国際経済学会小島清基金の運営」

［2005年10月16日会員総会決定，2007年10月7日改正，2010年7月17日改正］

（小島清基金の設置）

1. 小島清顧問の寄付に基づき，日本国際経済学会内に小島清基金（以下「基金」という。）を設置する。

2. 基金は，日本国際経済学会小島清賞を授与することおよび国際経済の研究に資する事業として必要と認められたものを支援することを目的とする。

3. 日本国際経済学会内に小島清基金運営委員会を設置し，基金の運営にあたる。基金の管理は本部事務局において行う。

（日本国際経済学会小島清賞）

4. 日本国際経済学会小島清賞は，日本国際経済学会小島清賞研究奨励賞および日本国際経済学会小島清賞優秀論文賞とする。

5. 日本国際経済学会小島清賞研究奨励賞は，日本国際経済学会会員のうち国際経済に関する学術研究において特に優れた業績を上げた者であって，さらなる研究の奨励に値する者に対して授与する。

6. 日本国際経済学会小島清賞優秀論文賞は，日本国際経済学会会員であって，日本国際経済学会機関誌に掲載された論文のうち特に優れた論文の著者に対して授与する。

7. 受賞者には，賞状及び副賞を総会において授与する。副賞は，日本国際経済学会小島清賞研究奨励賞については100万円，日本国際経済学会小島清賞優秀論文賞については10万円とする。

8. 日本国際経済学会小島清賞の選考は毎年行う。

9. 日本国際経済学会小島清賞の選考は小島清基金運営委員会が行う。

（小島清基金運営委員会）

10. 小島清基金運営委員会は，日本国際経済学会小島清賞の選考その他基金による事業を実施する。

11. 小島清基金運営委員会の委員長は，直前の日本国際経済学会会長をもって充てる。

12. 委員は6名とし，日本国際経済学会会長および各支部役員会の意見を聴いて，委員長が任命する。

13. 委員長及び委員の任期は2年とする。

14. 小島清基金運営委員会に事務局を置く。事務局長は委員のうち1名を持って充て，委員長が委嘱する。

15. 小島清基金会計の収支決算を本部事務局において毎年行い，会員総会の承認を得る。

16. 小島清基金会計の監査は，日本国際経済学会の監事が担当する。

17. その他基金による事業の実施に必要な事項は運営委員会が定める。

日本国際経済学会　出版委員会

委員長（The International Economy 編集責任者）
　　　　　　　　　　　　　　　　　近藤　健児（中京大学）
副委員長（『国際経済』編集責任者）　神事　直人（京都大学）
委員　　　　　　　　　　　　　　　石田　　修（九州大学）
　　　　　　　　　　　　　　　　　伊藤　恵子（中央大学）
　　　　　　　　　　　　　　　　　乾　　友彦（学習院大学）
　　　　　　　　　　　　　　　　　小川　英治（一橋大学）
　　　　　　　　　　　　　　　　　櫻井　公人（立教大学）
　　　　　　　　　　　　　　　　　中本　　悟（立命館大学）
　　　　　　　　　　　　　　　　　濱田　弘潤（新潟大学）
　　　　　　　　　　　　　　　　　東田　啓作（関西学院大学）
　　　　　　　　　　　　　　　　　増田　淳矢（中京大学）
　　　　　　　　　　　　　　　　　山本　和博（大阪大学）
幹事　　　　　　　　　　　　　　　清田　耕造（慶應義塾大学）
　　　　　　　　　　　　　　　　　丸山佐和子（近畿大学）

日本国際経済学会機関誌　投稿規定

1. 日本国際経済学会の機関誌（『国際経済』と THE INTERNATIONAL ECONOMY）は，学会の会員だけでなく非会員からの投稿も受け付ける。ただし，『国際経済』に非会員の投稿論文が掲載される際には，投稿者は学会に入会しなければならない。
2. 投稿論文は原著論文で，本誌以外に投稿されていないもの，また本誌以外での出版予定のないものに限る。
3. 『国際経済』の使用言語は日本語，THE INTERNATIONAL ECONOMY の使用言語は英語とする。
4. 投稿論文の長さは，『国際経済』では，図・表，参考文献，注を含め 20,000 字以内とする。THE INTERNATIONAL ECONOMY では，ダブルスペース A4 で図・表，参考文献，注を含め 35 枚以内とする。
5. 投稿論文はワープロ原稿とし，原則として，PDF 形式にして e-mail で送付することとする。また，原稿（3 部）や電子媒体物（CD-ROM，USB メモリスティック等）の郵送も受け付ける。ただし，電子ファイルの破損等による不具合が生じても，日本国際経済学会はいっさいの責任を負わない。
6. 投稿は，日本国際経済学会機関誌投稿受付係にて，随時受け付ける。
7. 論文の掲載の可否については，匿名の審査委員による審査に基づき，出版委員会が決定する。
8. 投稿者による論文原稿の手直しは，審査責任者からの改訂要求日から 1 年に限り有効とする。
9. 投稿論文の審査料は不要とする。また，論文の掲載が決定した場合の掲載料も不要とする。
10. 投稿論文は，掲載の可否にかかわらず返却しない。
11. 機関誌に掲載された論文は，独立行政法人科学技術振興機構（JST）の電子ジャーナルプラットフォーム J-STAGE（https://www.jstage.jst.go.jp/browse/-char/ja/）の電子ジャーナル『国際経済』と THE INTERNATIONAL ECONOMY に登載される。
12. 機関誌に掲載された論文の著作権（複製権，公衆送信権を含む）は，日本国際経済学会に帰属する。

日本国際経済学会機関誌投稿受付係
電子メール：jsie-journal @ jsie.jp

　ハードコピー原稿や電子媒体物等での投稿の場合は，本部事務局宛にご郵送ください。最新の本部事務局連絡先は，学会ホームページ http://www.jsie.jp にてご確認いただけます。

日 本 国 際 経 済 学 会

【本　　部】　日本国際経済学会　本部事務局
　　　　　　〒 162-0041　東京都新宿区早稲田鶴巻町 518
　　　　　　司ビル 3F
　　　　　　国際ビジネス研究センター内
　　　　　　Tel: 03-5273-0473　Fax: 03-3203-5964
　　　　　　E-mail: jsie@ibi-japan.co.jp

【本部事務局 総務】
　　〒 658-8501　神戸市東灘区岡本 8-9-1
　　甲南大学経済学部　青木浩治研究室気付
　　Tel: 078-435-2393（研究室直通）
　　Fax: 078-435-2543（経済・法・経営合同事務室）
　　E-mail: head-office@jsie.jp

【日本国際経済学会ホームページ】　https://www.jsie.jp/

比較優位論の現代的意義：
『経済学および課税の
原理』出版 200 年記念

国際経済　第 69 巻（日本国際経済学会研究年報）

平成 30 年 10 月 31 日　発　行

編　集　兼　日 本 国 際 経 済 学 会
発　行　所

〒 162-0041　東京都新宿区早稲田鶴巻町 518　司ビル 3F
国際ビジネス研究センター内
日本国際経済学会本部事務局

印刷・製本　中西印刷株式会社

〒 602-8048　京都市上京区下立売通小川東入ル
電話 075-441-3155　　FAX 075-417-2050
発売　中西印刷株式会社出版部　松香堂書店
ISBN 978-4-87974-743-3